Hanns Friedrichs
Ich mache
keine Mode,
ich ziehe
Frauen an.

Hanns Friedrichs
**Ich mache keine Mode,
ich ziehe Frauen an.**

Vorwort

Rouven Lotz

Seite 6

Hanns Friedrichs – ich ziehe Frauen an

Petra Holtmann

Seite 12

Tag

Seite 72

Abend

Seite 114

Braut

Seite 174

Biografie

Seite 180

Modenschauen

Seite 181

Hanns Friedrichs, 1985, mit Cape und Schleife auf dem Weg zu zu einer von ihm ausgerichteten Jubiläumsschau der Lufthansa.

Rouven Lotz

Vorwort
Mode im Museum

Das Einstecktuch in der Herrenmode erlebte in den Zehnerjahren, also der allerjüngsten Vergangenheit, eine kleine Blüte. Plötzlich war es überall und modeaffine Männer hatten offensichtlich Freude an dieser erschwinglichen und auch sonst als harmlos angesehenen textilen Extravaganz – inzwischen langweilt es die meisten aber schon wieder, zumal es nicht gut zur aktuell wieder angesagten Anti-Fashion zu passen scheint. Freilich, die Fürsprecher der sogenannten klassischen Herrenmode, schreibend oder im Internet vloggend, werden nicht müde zu erklären, wie es gezupft oder gefaltet und wie es korrekt zu tragen ist, zu welchen Anlässen ebenso wie in welchen Farbstellungen zur Krawatte. Vor allem aber die Krawatte, wie eben auch das Einstecktuch, verschwinden möglicherweise endgültig als letzter farbenfroher Schmuck aus der Herrenmode. Daran können auch immer wieder einmal kurzzeitig unter jungen heterosexuellen Cis-Männern aufflammende Modeerscheinungen wie aktuell Omas Perlenketten und Schmuckbroschen oder, vor dreißig Jahren, deren Pelzmäntel zu tragen, nichts ändern. Mit dem Einstieg ins Berufsleben ändert sich zumeist auch die Kleidung. Das Tragen solcher feminin konnotierten Accessoires verlagert sich aufs Wochenende oder wird nach ein paar Flirterfolgen, nicht zuletzt zur Beruhigung der eigenen Familie, schnell ganz aufgegeben.

Es war ein langer Weg mit unzähligen Nebenarmen, die hier nicht wissenschaftlich korrekt aufgeführt werden können, seit die farben- und schmuckfreudige Herrenbekleidung des Mittelalters, der Renaissance und auch des Barock und Rokoko mit dem Aufstieg des Bürgertums nach der Französischen Revolution zunehmend versachlicht wurde. Männer, die sich von da an mit zu viel Gestaltungsfreude kleideten, erschienen in der bürgerlichen Gesellschaft nun als eitle Gecken, die sich etwa mit dem Älterwerden nicht abfinden mochten, oder schlimmer noch als Homosexuelle. Ihr Verhalten wurde und wird noch bereits im Kleinkindalter unterdrückt, oft mit traumatischen Spätfolgen, und wurde ihnen im Erwachsenenalter noch bis weit ins Zwanzigste Jahrhundert im Zuchthaus ausgetrieben.

Freilich hat sich auch der Blick auf das, was zu viel sei, im Laufe der Jahrhunderte und Jahrzehnte verändert, den Gesetzmäßigkeiten der jeweils gültigen Weltanschauung angepasst oder wurde mit aller gesellschaftlichen Gewalt durchgesetzt. Dies gilt für die gesamte westliche Welt und, nicht zu vergessen, die von ihr kontrollierten oder beeinflussten Gebiete der Erde. Der Literaturwissenschaftler und Philosoph Friedrich Theodor Vischer (1807–1887) formulierte 1879, kein Jahrhundert nach der Französischen Revolution, aufschlussreich: *„Das männliche Kleid soll überhaupt nicht für sich schon etwas sagen, nur der Mann, der darin steckt, mag durch seine Züge, Haltung, Gestalt, Worte und Taten seine Persönlichkeit geltend machen. [...] Unseren Großvätern noch galt als ganz natürlich, daß der eine durch einen roten Rock mit Goldborten und blaue Strümpfe, der andere durch einen grünen mit Silberborten und pfirsichrotgelbe Strümpfe sich hervortun mochte. Wir sind damit rein fertig, gründlich blasiert gegen alles Pathetische, wir haben nur ein müdes Lächeln, wenn einer durch anderes, als sich selbst, in seiner Erscheinung sich herausdrängen will [...]. Obwohl diese Scheinlosigkeit des Männerkostüms wenig über ein halbes Jahrhundert alt ist, kann man doch sagen, sie bezeichne recht den Charakter der Mode, nachdem aus ihr geworden, was ihrer Natur nach im Laufe der Zeit werden mußte."*[1]

Schließlich wurde mit diesem „comme il faut" aber nicht nur ein gesellschaftlicher Nenner vorgegeben, der es jedem ermöglichte, sich in Gesellschaft anderer, öffentlich wie privat, wohl oder einfach bei sich selbst zu fühlen. Zugleich wurde Individualität in Fragen des Geschmacks und, ja, vor allem der sexuellen Identität und die Möglichkeit, diese auszudrücken, in peinliche Schranken verwiesen. Kaum jemand, der es sich erlaubte, oder wagte, dagegen zu verstoßen. Bis in die Jetztzeit kann für den vermeintlichen Verstoß mit Konsequenzen gerechnet werden. Zugleich verweist schon das isoliert betrachtete Zitat auch auf die verschiedenen Rollen von Mann und Frau, deren Gültigkeit zwar mittlerweile viel diskutiert, jedoch nur allmählich aufgebrochen wird. Aktuelle Stichworte sind etwa immer noch Frauenquote und Gender-Pay-gap, aber auch der Kampf der so genannten *Black, Indigenous, and People of Color (BIPoC)* um Sichtbarkeit und Anerkennung dürfen im Zusammenhang mit der westlichen Mode heute längst nicht mehr unerwähnt sein.

Mode ist ein vor allem sozialen Prozessen und Gesetzmäßigkeiten unterlegenes Medium und hat damit in der Rückschau auch eine starke Aussagekraft über die Menschen, die sie entworfen, hergestellt und schließlich getragen haben. Aktuell scheinen sich Grenzen zu verschieben, vielleicht im Zuge des gesellschaftlichen Diskurses über Gender, koloniales Erbe und Migrationsbewegungen ernsthaft zu verwischen. Aber dieser Prozess steht noch am Anfang.

Bereits zu Beginn des Zwanzigsten Jahrhunderts war aus heutiger Sicht für uns darüber entschieden, wie angemessene Kleidung gestaltet sein sollte. Mit den großen Weltkriegen flossen noch einmal zahlreiche zuvor militärische Bekleidungselemente in die Mode ein und beeinflussen diese bis heute, wie etwa der Trenchcoat – davon zeugen auch die eingangs erwähnten sartorialen Traditionalisten. Kurz zuvor, in der Zeit der Reformbewegungen der Jahrhundertwende vom 19. zum 20. Jahrhundert, wurden noch harte Worte – zumeist von Männern und insbesondere über die Frauenmode – gefunden. Eine kleine Gruppe von Frauen kämpfte bereits für ihre Befreiung vom Sans-Ventre-Korsett – zu den Trägerinnen der Reformkleidung gehörten jedoch nur wenige unabhängige Frauen in Hagen wie etwa Gertrud Osthaus, die manchmal Kleider nach Entwürfen von Henry van de Velde trug. Zugleich hatten andere Kunst-Reformer der Zeit wie 1898 der besonders eloquente Adolf Loos entsprechend seiner persönlichen Agenda gegen das Ornament im Allgemeinen über die herkömmliche Mode formuliert: *„Die kleidung der frau unterscheidet sich äußerlich von der des mannes durch die bevorzugung ornamentaler und farbiger wirkungen und durch den langen rock, der die beine vollständig bedeckt. Diese beiden momente zeigen uns, dass die frau in den letzten jahrhunderten stark in der entwicklung zurückgeblieben ist. Keine kulturperiode kannte einen so großen unterschied zwischen der kleidung des freien mannes und der des freien weibes wie die unsrige. Auch der mann trug in früheren epochen kleider, die farbig und reich geschmückt waren und deren saum bis zum erdboden reichte. Die grandiose entwicklung, die unserer kultur in diesem jahrhunderte zuteil wurde, hat das ornament glücklich überwunden. […] Je tiefer eine kultur, desto stärker tritt das ornament auf. Das ornament ist etwas, was überwunden werden muß. Der papua und der verbrecher ornamentieren ihre haut. Der indianer bedeckt sein ruder und sein boot über und über mit ornamenten. Aber das bicycle und die dampfmaschine sind ornamentfrei. Die fortschreitende kultur scheidet objekt für objekt vom ornamentiertwerden aus."*[2] Für Loos war es klar. Die Frau sollte sich ebenfalls vom schönen Kleid, dem Ornament trennen, um in einer so gewandelten Mode ebenfalls dem Arbeitsmarkt zur Verfügung zu stehen und als selbstbestimmtes Subjekt handelnd ihr Schicksal in die eigene Hand zu nehmen. So viel Richtiges in diesem hier nur unzureichend angedeuteten Ansatz enthalten zu sein scheint, so glücklich mag es sein, dass die Entwicklungen dennoch anders verlaufen sind. Bereits zwischen den zwei Weltkriegen, in der Ära der Goldenen Zwanziger, zeigte sich zumindest in den liberalen Großstädten, dass die Grenzen zwischen den Geschlechtern, gerade auch hinsichtlich ihrer Kleidung auflösbar waren. Diese Entwicklung wurde allerdings schon in den 1930er Jahren, und nicht nur in Deutschland, wieder mit aller Macht unterdrückt und die daran anschließende Prüderie der 1950er und 1960er Jahre wirkt trotz der sexuellen Revolution der 68er bis heute nach. Heute immerhin scheint die Freiheit der 1920er Jahre umso stärker zurückgekehrt zu sein und zumindest die westlichen Frauen haben den Rock zwar nicht nur für das Ski- und Radfahren abgelegt, wie es die Lebensreformer sich vorstellten, ihn aber auch nicht ganz aufgegeben. Umgekehrt dürfen Männer inzwischen gleichfalls Röcke tragen, lackieren sich die Nägel und kokettieren entweder mit ihrer Männlichkeit oder betonen diese sogar. Für die Entwicklung der Mode mag dies ein gutes Zeichen sein und da die Mode soziologische Prozesse abbildet, ist es das auch für die Gesellschaft.

Wenn ein Malereimuseum eine Ausstellung zum Thema Mode erarbeitet und präsentiert, kann dies unterschiedlich motiviert sein. Modeausstellungen in Museen haben inzwischen einen festen Stellenwert. Mode ist längst als relevante kulturhistorische Disziplin anerkannt und wird in eigens

---

1 Friedrich Theodor Vischer, Mode und Zynismus, in: Die Listen der Mode, Silvia Bovenschen (Hg.), Frankfurt a. M 1986, S. 63.

2 Adolf Loos: *Sämtliche Schriften in zwei Bänden – Erster Band,* Damenmode, Franz Glück (Hg.), Wien/München, 1962, S. 161 f.

für sie errichteten Häusern gesammelt, erforscht, kontextualisiert und vermittelt. Aber gerade auch in Kunstmuseen belegen Modeausstellungen, dass gestaltende Disziplinen sich untrennbar nahestehen. Im besten Fall verhilft der Blick über die eigenen Grenzen hinaus auch zu einem Erkenntnisgewinn für den eigenen Forschungsgegenstand. Das Emil Schumacher Museum im Kunstquartier Hagen unternimmt mit der Ausstellung des Modedesigners Hanns Friedrichs (1928–2012), dessen Laufbahn als herausragender Couturier in Deutschland zur gleichen Zeit wie die Laufbahn von Emil Schumacher (1912–1999) als Maler begann, einen solchen weitergehenden Blick auf eine andere Disziplin. Hanns Friedrichs, der schon früh ein weiteres Atelier in Düsseldorf gründete, wo das Zentrum der deutschen Modeszene lag, aber auch ein internationaler Flughafen die Welt kleiner machte, gelang es wie Emil Schumacher in der Malerei, die engen Grenzen seiner Stadt hinter sich zu lassen. Auch er schuf ein Werk, das ihm zugleich internationale Anerkennung einbrachte und aufgrund dieser Wertschätzung ermöglichte, seine Kunst zu entfalten. Wie Emil Schumacher blieb auch Hanns Friedrichs der Stadt treu. Nicht zuletzt unterhielt er über viele Jahrzehnte ein mittelständisches Unternehmen mit bis zu sechzig Mitarbeiterinnen an beiden Standorten, von denen Hagen jedoch als Produktionsort der größere blieb. Mit der durch die Kunsthistorikerin und Modesammlerin Petra Holtmann angeregten Ausstellung sowie dem vorliegenden Katalog ist es vor allem aber gelungen, das Schaffen von Hanns Friedrichs zu dokumentieren, bevor sich die Spuren dieses bedeutenden deutschen Modeschöpfers, der sich nicht selbst um seinen Nachruf gesorgt hat, gänzlich verlieren. Eine erste Magisterarbeit von Viola Peters am Institut für Kunst und Materielle Kultur im Fach Kulturanthropologie des Textilen an der Technischen Universität Dortmund hatte 2008 die Nachkriegsjahre des Designers untersucht. Dennoch ist die Quellenlage ungünstig und so erwies sich etwa die Berichterstattung einer der Hagener Tageszeitungen, die über Jahrzehnte Friedrichs' Modenschauen in Hagen kontinuierlich beobachtete, als Glücksfall. Es haben sich somit zu allen großen Schauen und sämtlichen Kollektionen, über Jahrzehnte kontinuierlich weitergeführt, Beschreibungen erhalten. Auch die Vorbereitung der Ausstellung unterstützte die heutige Lokalredaktion mit einem frühen Aufruf an ihre Leserinnen und Leser. Für unser Vorhaben fanden wir schließlich gemeinsam zahlreiche Unterstützerinnen, die mit uns ihre Erinnerungen teilten und Fotos, Videos, Entwurfsskizzen und Kleider zur Verfügung gestellt haben. Petra Holtmann ist es gelungen, diese Informationen zu sammeln und
in einem Aufsatz zusammenzufassen, der die Werkentwicklung dieses Couturiers vermittelt und in Zukunft als Grundlage für weitere Forschungen dienen wird.

Die Ausstellung ist ein Dank an die früheren Kundinnen, denen Hanns Friedrichs ein Freund war und die durch ihre Aufträge an sein Modeatelier zugleich notwendige Bestätigung und wirtschaftliche Grundlage für den Betrieb garantierten. Die Ausstellung ist jedoch auch eine Reminiszenz an die zahlreichen ehemaligen Mitarbeiterinnen von Hanns Friedrichs, Direktricen, Schneiderinnen, Stickerinnen und Modistinnen, die bei ihm gelernt haben und teilweise nur kurz, aber vielfach auch über Jahrzehnte an der Realisierung seiner Entwürfe arbeiteten. Ohne ihre enormen handwerklichen Fähigkeiten, Treue und Nervenstärke wäre seine Kunst nicht möglich gewesen.

Ihnen allen soll die Ausstellung gewidmet sein. Stellvertretend für alle Unterstützerinnen danke ich gemeinsam mit Petra Holtmann Monika Benscheidt, als ehemalige Direktrice, und Helga Klein, als ehemalige persönliche Assistentin und spätere Nachlassverwalterin, die sich mit uns während der vergangenen Monate noch einmal intensiv und selbstlos auf das Abenteuer HF eingelassen haben. Von ihnen durften wir über Mode und ihre Fertigung lernen. Erst ihre praktische Unterstützung jedoch hat die Kunst von Hanns Friedrichs für die Ausstellung noch einmal möglich gemacht.

Hanns Friedrichs mit einem der Mannequins
bei einer Besprechung in seinem neuen
Modeatelier in Hagen in der Fleyer Straße 46,
um 1957. Foto: Nachlass Friedrichs.

Petra Holtmann

Hanns Friedrichs – ich ziehe Frauen an

Hanns Friedrichs lässt sich als Modeschöpfer nicht einordnen. Schon früh hat er sich gegen eine Kategorisierung seiner Entwürfe im Sinne eines Stils, einer Linie, verwahrt. Offensiv formulierte er: „Ich mache keine Mode. Ich ziehe Frauen an".[1] Ein Motto, mit dem er sich bewusst in den Gegensatz zu Christian Dior, „Ich mache Mode",[2] stellte.

[1] Hanns Friedrichs, Karin Schliffke, Frank Schliffke, Mein Spiegel erzählt, Viersen, 2006, S. 244.

[2] Christian Dior, Ich mache Mode, Wiesbaden, 1952.

Dior des Reviers

Er konnte sich dieses Credo leisten, weil in der öffentlichen Wahrnehmung niemand daran zweifelte, dass Hanns Friedrichs ein Couturier ganz eigener Kreativität und Klasse war. Seine immer wieder vorgetragene Bescheidenheit, kein Modeschöpfer zu sein, hielt ihn nicht davon ab, mit dem ihm in den frühen 1950er Jahren von der regionalen Presse gemachten Kompliment „Dior des Reviers"[3] zu kokettieren.

Der Artikel, dem Hanns Friedrichs die Zuschreibung des „Dior des Reviers" oder auch des „Dior des Rheinlandes" verdankte, erschien fast auf den Tag genau sieben Jahre nach der ersten Modenschau des Pariser Couturiers Christian Dior am 12. Februar 1947. Weniger als zwei Jahre nach Ende des Zweiten Weltkriegs begeisterten dessen prunkvoll und verschwenderisch gestalteten Entwürfe nicht nur die Modewelt, die vom „New Look"[4] sprach, sondern Frauen auf der ganzen Welt. Endlich wurde ihnen in der Mode wieder das präsentiert, was in den entbehrungsreichen Kriegsjahren aus dem öffentlichen Leben verschwunden war: lange, weit ausschwingende Röcke, verführerisch schmal gezurrte Taillen, teure Stoffe, riesige Hüte; alles herrlich unbequem und selbst für Couture-Verhältnisse extra teuer.[5] „Mein Ziel war es nicht, die Mode zu revolutionieren, sondern rechtschaffen das auszuführen, was ich fühlte", so äußert sich der Couturier in seiner Autobiografie „Dior und ich". „Die Couture besann sich wieder ihrer Hauptaufgabe, die darin besteht, Frauen zu schmücken und zu verschönern."[6]

Der in der Presse hergestellte Bezug zu Christian Dior hatte seine Grundlage nicht in einem Vergleich der Entwürfe von Hanns Friedrichs mit den Modellen des französischen Couturiers, er sollte vielmehr das Niveau der handwerklichen Schneiderkunst und die Kreativität seiner Entwürfe unterstreichen. Im Gegenteil, die Hagener Lokalpresse bescheinigt ihm 1953,[7] sich weiterhin an die „konservativen" Röcke zu halten.

Hanns Friedrichs, 1954 zum „modischen Wunderkind"[8] gekürt, relativierte die Aufregung um seine Person: „Was ich mache, machen alle. Der kleine Pfiff, die persönliche Note. Es ist alles individuell und daher so einfach – so einfach wie der Schnitt einer Karosserie. Viel komplizierter finde ich das Innere, den Motor einer jeden Schöpfung."[9] Auch in späteren Jahren blieb Hanns Friedrichs in der eigenen Einschätzung bescheiden: „Ich mache eigentlich, oder ich habe keine Haute Couture gemacht, sondern Couture. Von der großen Mode habe ich mich immer distanziert, weil ich hier in Deutschland nicht diese Schneiderinnen gefunden habe, die so nähen wie Franzosen und Italiener."[10]

Dior war zur damaligen Zeit nicht nur in Deutschland der Inbegriff französischer Haute Couture. Bereits am 21. April 1949, einen Monat vor der Gründung der Bundesrepublik Deutschland am 23. Mai 1949, fand im Heidelberger Casino die erste Modenschau von Christian Dior auf Vermittlung dreier amerikanischer Generalsgattinnen, Mrs. Clarence Huebner, Mrs. Lucius Clay und Mrs. John C. Cannon, statt.[11] Es war der erste Kontakt der Deutschen mit französischer Haute Couture nach dem Ende des Zweiten

Weltkrieges.**12** In Nordrhein-Westfalen war erst 1952 eine Modenschau von Dior zu sehen. Am 15. März 1952 gab es zwei Modenschauen in der Redoute**13** in Bonn-Bad Godesberg, am darauffolgenden Tag wurden 700 geladenen Gästen im Düsseldorfer Hotel Breidenbacher Hof 100 Modelle, die Hälfte der aktuellen Sommerkollektion, präsentiert.**14** Der Bericht des damaligen Pressechefs des Hauses Dior, Robert de Maussabré, über die Gäste der Modenschau wirft ein bezeichnendes Licht auf die Situation der Couture zu Beginn des Wirtschaftswunders: „Die meisten sind Großindustrielle aus dem Ruhrgebiet oder große Händler aus der Region. Sie leben wieder im Wohlstand, reisen vor allem in die Schweiz und nach England und arbeiten. Sie lachen ohne viel Lärm zu machen, wirken stattlich und gutmütig. Viele Männer sind im Anzug. Die Frauen tragen wenig Schmuck, sind allgemein schlecht gekleidet."**15**

In Deutschland sind zum damaligen Zeitpunkt unter anderem Couturiers**16** wie Heinz Schulze-Varell, Heinz Oestergaard, Uli Richter, Gerd Staebe und Hans Seger, Charles Ritter und Elise Topell tätig. Insbesondere Schulze-Varell orientiert sich mit seinen Entwürfen in den 1950er Jahren stark an Diors Schaffen und dessen „New Look"**17**. Er deutet dazu eigene Formen und Ideen im Sinne des „New Look" um. Auch Elise Topell machte aus ihrer Bewunderung für Dior keinen Hehl, sie attestierte ihm schöpferisches Genie, technische Erfahrung und vor allem das Wissen um das „Maßhalten", das Wesen wahrer Eleganz.**18** Nicht alle Modeschöpfer der Nachkriegszeit folgten dem die 1950er Jahre bestimmenden „New Look" von Christian Dior. Einige der jüngeren, unter ihnen Uli Richter, nur zwei Jahre älter als Hanns Friedrichs, bevorzugten den American Look oder College Stil.**19** Dieser Stil war funktionaler und sprach die junge Frau an, während die Mode des „New Look" den Körper stark formte. Zudem verlangte der „New Look" seiner Trägerin immer eine gewisse körperliche Contenance und ein entsprechend gesetztes Verhalten ab. Gleichzeitig erregte er mit seinen weiten Röcken und dem Auf und Ab der Saumlängen die Gemüter.**20**

Hanns Friedrichs überlegte zu dieser Zeit, sich bei dem zwölf Jahre älteren Heinz Oestergaard zu bewerben**21**, der Anfang der 1950er Jahre mit über 100 Beschäftigten jährlich zwei Kollektionen mit bis zu 250 Modellen entwarf.**22**

---

3 Westdeutsche Allgemeine Zeitung (im Folgenden WAZ), Wolf Sarrazin: Es begann mit dem roten Kaninchen – junger Mann mit Ideen macht in Hagen Karriere als „Dior des Reviers". Nr. 37, 13. Februar 1954.

4 Ausruf („…such a new look…"), der Carmel Snow, Chefredakteurin des Modemagazins Harper's BAZAAR, anlässlich der Modenschau am 12. Februar 1947 zugeschrieben wird.

5 Vor 70 Jahren – Christian Dior präsentiert seine erste Kollektion in Paris, von Beatrix Novy, 12.02.2017, www.deutschlandfunk.de/vor-70-jahren-christian-dior-praesentiert-seine-erste-100.html, abgerufen am 15.09.2022.

6 Christian Dior, Dior, Berlin-Frankfurt/Main, 1956, S. 24.

7 Westfälische Rundschau, 25. September 1953.

8 WAZ, a.a.O.

9 Friedrichs, S. 49f.

10 Hanns Friedrichs im Interview mit Viola Peters am 7. Mai 2008, in: Hanns Friedrichs – Der „Dior vom Rhein" in der Nachkriegszeit, Magisterarbeit zur Erlangung einer Magistra Artium, Institut für Kunst und Materielle Kultur, Technische Universität Dortmund, Oktober 2008, S. 113.

11 Adelheid Rasche, Christian Dior und Deutschland 1947 bis 1957, Ausstellungskatalog, Stuttgart, 2007, S. 208.

12 Ebenda, S. 210.

13 Am 11. September 1977 zeigte Hanns Friedrichs in der Redoute seine Modenschau „Les Amazones vivant" mit 92 Modellen, am 17. September 1978 die Schau „Disco de Luxe" mit 97 Modellen.

14 Rasche, 2007, S. 216.

15 Robert de Maussabré, Archiv Christian Dior.

16 Susa Ackermann, Couture in Deutschland, München, 1961.

17 Anita Auer, Der Couturier Heinz Schulze-Varell (1907–1985): Entstehung und Entwicklung einer Haute Couture in Deutschland, Konstanz, 1993, S. 144ff.

18 Ackermann, 1961, S. 103.

19 Christine Waidenschlager, Ein Leben für die Mode, in: Uli Richter – Eine Berliner Modegeschichte, Christine Waidenschlager und Gesa Kessemeier (Hg.), Ausst.-Kat.: Berlin und Hamburg, Köln, 2007, S. 15.

20 Ebenda.

21 Friedrichs, S. 82.

22 Christine Waidenschlager, Porträt eines Createurs, in: Heinz Oestergaard, Mode für Millionen, Berlin, Museum (Hg.), Ausst.-Kat.: Berlin, 1992, S.32.

Jacques Fath

Wenn sich Hanns Friedrichs in seinen ersten Jahren an französischer Haute Couture orientiert hat, dann stand ihm wohl Jacques Fath (1912–1954) näher als Christian Dior. Fath wurde in dieser Zeit in einem Atemzug mit Dior und Pierre Balmain genannt und beschäftigte bis zu seinem frühen Tod später selbst als Couturiers bedeutende Mitarbeiter wie Hubert de Givenchy, Guy Laroche oder Valentino Garavani in seinem Atelier. Mit Jacques Fath hatte Hanns Friedrichs nicht nur dessen Begeisterung für den großen Auftritt gemeinsam, sondern auch die Idee, den Schauen ein Thema zu geben, oft bestimmt aus aktuellen Eindrücken oder historischen Bezügen. Aber mehr noch, ein weiteres Detail seiner frühen Entwürfe geht auf Jacques Fath zurück. Hanns Friedrichs entwarf im Rücken geknöpfte Jacken und Mäntel. Nach seinen eigenen Worten beabsichtigte er damit, den Männern seiner Kundinnen – etwa nach einem Restaurantbesuch – die Möglichkeit zu geben, sich beim Ankleiden formvollendet als galante Begleiter zu beweisen.[23] Umgekehrt folgte er der Vorliebe von Fath für enge, körperbezogene Entwürfe nur in wenigen Ausnahmefällen, unter anderem bei einem für sich selbst entworfenen Mantel. Dem stand sein Bestreben nach alltagstauglicher Mode für die moderne, selbständige und berufstätige Frau entgegen. Auch wenn er Jacques Faths Entwurfsidee enger, körperbezogener Entwürfe nicht schätzte und stattdessen eine natürliche Linienführung mit weichen Konturen und erkennbaren Taillen[24] bevorzugte, lehnte er die von seinen modischen Zeitgenossen in den 1950er Jahren propagierte „Sacklinie" konsequent ab.[25] Seine Modelle zeichneten sich bereits früh dadurch aus, dass er immer auf das Zusammenspiel zwischen Stoffwirkung und Linienführung achtete.[26]

In seinen späten Jahren bekannte Hanns Friedrichs sich 2008 dazu, persönlich ein „absoluter Fan von Gaultier" zu sein.[27] Ein wenig überraschendes Bekenntnis, galt doch Friedrichs, der in der Düsseldorfer Modeszene respektvoll „als nicht fassbarer Paradiesvogel"[28] wahrgenommen wurde, am Rhein mindestens so als „Enfant terrible" wie Jean Paul Gaultier in Paris. Entscheidend für die Wertschätzung war, dass Jean Paul Gaultier (*1952), ebenso wie Hanns Friedrichs, seine Haute Couture bei aller formalen Strenge im Schnitt verspielt und dekorativ gestaltete; beiden war auch Interesse und Begeisterung für den Entwurf von Bühnenkostümen gemeinsam. Dazu passt außerdem, dass Hanns Friedrichs anlässlich seines 60. Geburtstags seine Anerkennung für Thierry Mugler (1948–2022) zum Ausdruck brachte.[29] Mugler, Gaultier und Friedrichs war bei allen stilistischen Unterschieden gemeinsam, Frauen mit ihrer Mode die Möglichkeit zu geben, zugleich Selbstbewusstsein und Sinnlichkeit auszustrahlen. Wie erfolgreich dieses Ansinnen war, lässt sich daran ablesen, dass es insbesondere die selbstständigen und erfolgreichen Frauen waren, die sich, in nicht wenigen Fällen über Jahrzehnte, für die Mode von Hanns Friedrichs begeisterten.

Hunger nach Mode

Die Jahre unmittelbar nach Ende des Zweiten Weltkriegs waren hart und karg. Hanns Friedrichs, der zu dieser Zeit in einem Dorf bei Kassel lebte, unterhielt die Familie mit einfachen Aufträgen für Gebrauchskleidung, seine Mutter Hanna Friedrichs verzierte schon in diesen frühen Jahren Blusen mit Kreuzstichstickereien.[30] Er nähte überwiegend für Frauen aus dem Dorf, die Stoffe mitbrachten, teils auch für die Freundinnen amerikanischer Soldaten. Erste Modehefte, und damit einen Eindruck der neuen Mode aus Paris, erhielt er von amerikanischen Besatzungssoldaten. An Fachkenntnissen fehlte es ihm noch, aber er hatte „ein gutes Gefühl für das, was Frauen steht."[31] Also nahm er, wie er in seiner Autobiografie erinnert, den Stoff, drapierte ihn den jungen Damen auf den Körper und schnitt ihn vorsichtig zu.

In einem Zeitungsinterview erinnert er sich, dass die ersten Jahre von ungewöhnlichen Einfällen und Entwürfen geprägt waren. Friedrichs muss vor Ideen gesprüht haben, was auch wichtig war, denn an Materialien zum Nähen fehlte es noch überall. Eine dieser phantasievollen Eingebungen bestand darin, Lichtschalter als Knöpfe für einen Mantel zu benutzen, oder mit einer gefundenen Laubsäge aus Holz Elefanten als Knöpfe auszuschneiden und diese schwarz zu lackieren.[32] Aus dem Stoff eines Billardtuches entstanden Blusen, Decken wurden gefärbt und zu Kleidung verarbeitet. Damals galt, was heute im Zuge von Ressourcenschonung und Upcycling wieder aktuell ist. Das, was man hatte, oder bekam, wurde umgefärbt und umgenutzt, verziert und zu neuer Kleidung genäht.

Die Grundlagen für die ihm bereits zu Beginn der 1950er Jahre entgegengebrachte Wertschätzung legte Hanns Friedrichs mit dem Abschluss seiner Schneiderausbildung bei Heinz Lengemann in Kassel. Für sein Gesellenstück, einen grünen, scharf taillierten Mantel mit unterlegten Hüftpolstern und einer Schulterbetonung, wurde er mit dem besten Prüfungsergebnis ausgezeichnet. Seine erste berufliche Tätigkeit nahm er 1947 im Salon von Madame Moré, einer echten Couturière, in Kassel auf.[33] Friedrichs erinnert sich, dass er Madame Moré Details wie z. B. eine Achselnaht in zeremonieller Weise auf einem Samtkissen präsentieren musste und diese bemerkte: „Ich denke, das könnte was werden ... dann machen Sie mal weiter, junger Mann."[34] Auch sie hatte schnell erkannt, welche Begabung ihr junger Mitarbeiter mitbrachte.

Der junge Hanns Friedrichs schwärmte damals von den gutsitzenden Kleidern, die Marlene Dietrich in alten Filmen trug. Für ihn war die als Perfektionistin bekannte Schauspielerin ein Idol: „Das war das Vorbild für mich, der Sitz der Kleider von Marlene Dietrich in den Filmen. Ich habe mich immer bemüht, das hinzukriegen. Wenn ich heute alte Fotos betrachte, muss ich sagen, es ist mir manchmal gelungen".[35] Auch nach bestandener Gesellenprüfung ließ ihn der Wunsch, an das Theater

---

[23] Friedrichs, S. 73.

[24] Westfalenpost (im Folgenden WP), 7. März 1959.

[25] WP, 4. März 1964.

[26] WP, 23. September 1954.

[27] Hanns Friedrichs im Interview mit Viola Peters, S. 108.

[28] TM Textilmitteilungen vom 1. Juni 1988, S. 24.

[29] Ebenda.

[30] Friedrichs, S. 30.

[31] Ebenda, S. 38.

[32] Ebenda, S. 38.

[33] Ebenda, S. 45.

[34] Ebenda, S. 46.

[35] Ebenda, S. 41.

Not macht erfinderisch. Heller Wollmantel mit dreistufigem Unterteil und schmalem Gürtel. Drei schwarze Lichtschalter bilden die Knöpfe. Die Schulterpartie zeigt einen überlappenden Schalkragen. 1951. Foto: Nachlass Friedrichs.

Der junge Modeschöpfer (knieend) im Kreis der Mitarbeiter und Mannequins bei der Vorbereitung einer Modenschau, um 1952. Foto: Stadtarchiv Hagen.

zurückzukehren nicht los; er stellte sich am Kölner Schauspielhaus vor.[36]

Aus einer, seit den ersten Auftritten in Kindertagen erträumten, Karriere als Schauspieler sollte nichts werden. Deutlich erkannte er, dass seine zentrale Begabung die kreative Schneiderkunst war, vor allem aber, dass die angebotene Anfangsgage in keinem Verhältnis zu dem stand, was er für die Ernährung der aus ihm selbst, seinen Geschwistern und den Eltern bestehenden Familie benötigte. Unzählige Kostüme für zahlreiche Bühnen und Revuen sorgten dennoch für eine jahrzehntelange, intensive professionelle Verbindung zur Bühne.

1952 bestand Hanns Friedrichs seine Meisterprüfung, ab diesem Zeitpunkt konnte er auch ausbilden, was er über Jahrzehnte mit großem Erfolg tat. So erzielte z. B. 1990 eine Auszubildende seines Couture-Betriebs, Nicole Peters, den Landessieg für Damenschneiderinnen im Kammerbezirk Dortmund. Kurze Zeit später erreichte sie auf Bundesebene den zweiten Platz.[37] Diese Auszeichnungen waren nur ein Beleg für das hohe Ansehen der Ausbildung in seinen Ateliers. Zum damaligen Zeitpunkt erhielt Hanns Friedrichs mehr als 300 Bewerbungen auf eine Ausbildungsstelle. Nicht wenige seiner Mannequins, Auszubildenden oder Mitarbeiterinnen machten später selbst im Bereich der Mode Karriere. So wurde eines seiner ersten Mannequins, Ina Stein, eine bekannte Kostümbildnerin in Film und Fernsehen; Helga Okan, bis 1966 Direktrice bei Hanns Friedrichs, führt heute den von ihr gegründeten Couture-Salon Pio Okan auf der Düsseldorfer Königsallee. Caren Pfleger, in den 1960er Jahren als Model für Hanns Friedrichs tätig, wurde selbst Modeschöpferin.

Anfangsjahre

1948 kehrte der Vater aus der Kriegsgefangenschaft zurück, die Familie zog zur Schwester des Vaters nach Hagen. Nach kurzer Tätigkeit als Abstecker im Hagener Konfektionsgeschäft „Haus der Dame" eröffnete Hanns Friedrichs in Hagen sein eigenes Modeatelier. Er begann, erste Kleider für Kundinnen in den provisorischen Räumen eines Trümmerhauses in der Grabenstraße 5 zu fertigen; schon bald zog er mit seinem Modeatelier zur Graf-von-Galen-Straße 9 um. Seine Mutter, die eine Kunstgewerbeschule besucht hatte, fertigte hochwertige Stickereien für die ersten Entwürfe. Mit ihren Stickarbeiten veredelte sie von nun an bis ins hohe Alter die Entwürfe ihres Sohnes. Stickarbeiten gehörten zu den wichtigsten Gestaltungselementen des Modeschöpfers, seine Mutter fertigte nicht nur eigene Arbeiten, sondern überwachte auch die Qualität der Stickereien im Atelier. Der Vater, Richard Friedrichs, der vor dem Zweiten Weltkrieg in einer Bank tätig war, wurde Geschäftsführer des neu gegründeten Unternehmens.

Zur Freude, vielleicht auch zur Bestürzung mancher Kundinnen zeichnete Hanns Friedrichs seine Entwürfe, mit der Materialknappheit der Zeit zugleich offensiv und effektvoll umgehend, auf die Tapete seiner Atelierräume. Frühe Fotos zeigen ihn und Mannequins mit Friedrichs-Modellen vor diesen Zeichnungen. Hatte er schon vor und während seiner Schneiderlehre mit eigenen Modezeichnungen zum Lebensunterhalt der Familie beigetragen, waren diese Zeichnungen inzwischen leichter, routinierter. Bis ins hohe Alter waren seine Modezeichnungen, die seine Schneiderinnen als Vorlage für die Ausführung erhielten, von großer zeichnerischer Sicherheit geprägt. Sie sind leicht und gekonnt gesetzt, die Figuren oftmals mit einem dünnen Filzstift umrandet, zusätzlich mit farbigen Motiven, Details und teils auch mit Anmerkungen versehen. Nicht selten sogar um mehrere Varianten ergänzt – z. B. Rock oder Hose, langer Arm oder kurzer Arm. Im Laufe der Jahre wurden die Zeichnungen einfacher, die Figuren nicht mehr so differenziert angelegt; angesichts der langjährigen Zusammenarbeit mit seinen Direktricen und Schneiderinnen reichten einfache Skizzen, um diesen seine Entwurfsideen zu vermitteln.

Seine erste Kundin in Hagen war eine aus Remscheid stammende Fabrikantengattin, die ihm weitere Kundinnen aus ihrem Bekanntenkreis vermittelte.[38] Immer mehr Betriebe nahmen wieder die Produktion auf, in Altena baute Radio Graetz einen neuen Standort. Margarete Graetz gehörte zu den Kundinnen der ersten Stunde. Anlässlich des Besuchs einer deutschen Wirtschaftsdelegation in den Vereinigten Staaten, an dem die mondäne Unternehmerin ebenfalls teilnahm, trug sie ein von Hanns Friedrich geschneidertes Modell und verschaffte dem jungen Modeschöpfer so erstmals internationale Aufmerksamkeit.[39]

Gleichzeitig gelang es Hanns Friedrichs, bereits 1949 in Düsseldorf Fuß zu fassen. Er fand in Elfe Kürschner nicht nur seine erste Düsseldorfer Kundin, sondern auch eine Unterstützerin, die ihm Zutritt zu ihren gesellschaftlichen Kreisen verschaffte. In dieser Zeit der

36 Ebenda, S. 46.
37 WAZ, 17. November 1990.
38 Rheinischer Hausfreund, 2. Mai-Folge, S. 558.
39 Friedrichs, S. 69.

Hanns Friedrichs in seinem Atelier in der Graf-von-Galen-Straße 9. Im Hintergrund Modeskizzen, die er auf die Tapete gezeichnet hat. Um 1953. Foto: Bach, Hagen.

Stempel der Modellwerkstatt Friedrichs aus den 1950er Jahren. Nachlass Friedrichs.

Werbeanzeige aus dem Hagener Adressbuch 1954. Mit dem Etikett „Hafri-Modell" wurden die Modelle des Modeschöpfers Hanns Friedrichs bis zum Anfang der 1960er Jahre versehen.

Vier Baumwollkleider aus dem Jahr 1952. Das erste Kleid ist figurbetont mit angeschnittenem Steg am Oberteil, mit drapiertem langem Schal aus erhöhter Taille kommend. Das zweite Kleid hat einen starkfarbigen Plisseerock mit einfarbigem dunklem Oberteil, V-Ausschnitt und Schnallen im Schulterbereich. Durchbrochene dunkle Stoffbahnen sind als Kontrast zum starkfarbigen Rock aufgesetzt, stoffgleich mit dem Oberteil. Das dritte Kleid ist ebenfalls stark gemustert und hat einen Glockenrock mit einem Oberteil, das angeschnittene Ärmel und einen ausgeprägten Ausschnitt sowie Steg aufweist. 1952. Fotos: Foto Kühle, Hagen.

Gründung des eigenen Unternehmens ging Hanns Friedrichs mit einem Kleiderkoffer zu den Kundinnen nach Hause. Er erinnerte sich: „Damals waren alle so hungrig nach neuer Kleidung, sie wollten einfach schön sein – nach den Kriegsjahren ganz in grau."[40] Die Anproben erfolgten in den privaten Räumen von Elfe Kürschner immer an einem Donnerstag, den Friedrichs auch später als Kundentag beibehielt.

Sein Kundinnenkreis wuchs schnell, 1950 berichtete die Westdeutsche Tageszeitung bereits von ersten überregionalen Erfolgen.[41] Hanns Friedrichs, dem in dem Artikel eine eigene Note, eine französische, lockere, beschwingte und graziöse Linie voller Weiblichkeit bescheinigt wird, war zur Ausstellung „Die Frau" nach München eingeladen worden. Ebenfalls 1950 eröffnete Friedrichs sein zweites Modeatelier in Düsseldorf in der Lindemannstraße 10.[42]

[40] Rheinische Post, 2. September 1995.
[41] Westdeutsche Tageszeitung, 8. Juli 1950.
[42] In den 1960er Jahren wechselte er in die Graf-Adolf-Straße 98, seit 1973 befand sich Atelier nebst Wohnung am Jürgensplatz 58–60, 1982 eröffnete das „Atelier im Hinterhof", Jürgensplatz 62.

Modevorführungen Anfang der 1950er Jahre. Die Mannequins präsentieren die Modelle zu dieser Zeit inmitten der Besucherinnen noch ohne einen Laufsteg zu nutzen. Trägerloses Kleid aus Seidenbrokat mit passendem Bolero in gleichem Stoff. Auf dem Foto daneben ein elegantes kurzes Seidenabendkleid mit Bauschärmeln und großem Ausschnitt. Der Rock ist mit Stickereien aus Silberstiften und Perlen in floralem Muster verziert. Fotos: Nachlass Friedrichs.

Modentee – machen Sie mit?

Ein Jahr später lud er am 10. April 1951 zum „Modentee" im Kurhaus Hohensyburg. Es war ein Risiko, die Kosten hoch, Rücklagen nicht vorhanden und Stoffe nur teuer zu kaufen. Nicht alle Kleider für diese erste Modenschau entstanden neu. In der Modellliste sind Namen einiger Kundinnen aufgelistet, die für sie bereits gefertigte Stücke für diesen Auftritt des jungen Couture-Hauses zur Verfügung stellten.

Friedrichs wagte das Risiko. Die Einladungskarte war schlicht, aber auffallend gestaltet. „Machen sie mit?" steht auf der Vorderseite. Aufgeschlagen dann die Information, dass „Hafri-Modelle" am Dienstag, den 10. April 1951, um 16.00 Uhr im Kurhaus Hohensyburg zum Modentee einlädt. Eine nebenstehende kleine Zeichnung gab einen ersten Eindruck der Entwürfe. Auf der Rückseite ist der Friseur Klenke genannt, der für diesen Abend die Mannequins frisierte. Ebenso sind die damals sehr angesehenen Hagener Firmen aufgeführt, die mit Accessoires die Kleider von Friedrichs ergänzten: Stoffe von Dransfeld, Koffer Möller, Hut-Salon Arndt, Goldschmiedemeister Kistermann.

Da die Hohensyburg einige Kilometer außerhalb von Hagen und den umliegenden größeren Städten liegt und viele potenzielle

Kundinnen noch kein Auto zu ihrer Verfügung hatten, wurde ein Sonderbusverkehr eingerichtet, der zwischen Hagen und Dortmund verkehrte. Über 500 Besucherinnen begeisterten sich für die Entwürfe von „Friedrichs & Sohn", wie er damals noch firmierte. Das Modeatelier Friedrichs & Sohn, in dem damals 16 Mitarbeiterinnen beschäftigt waren, präsentierte nach eigener Mitteilung an die Tageszeitung 90 eigene Modelle, vom Hosenanzug bis zum großen Abendkleid.[43]

Der Vater von Hanns Friedrichs nutzte das Anschreiben an die Presse auch, die zu diesem Zeitpunkt bereits erzielten Erfolge herauszustellen:

„Die Veranstaltung dient keinerlei Werbezwecken (wir sind auf lange Zeit hinaus mit Aufträgen überhäuft), sondern soll in einem gesellschaftlichen Rahmen einen Überblick über das Schaffen eines der jüngsten Modeschöpfer des Westens geben, der es innerhalb der kurzen Zeit von 1 ½ Jahren verstanden hat, mit seinen eigenen Modellen einen großen Kundenkreis nicht nur in Hagen und der näheren Umgebung, sondern überwiegend aus den größeren Städten Westfalens und des Rheinlandes zu begeistern (Düsseldorf, Köln, Dortmund, Solingen usw.). Auch moderne Operettengarderoben für Solomitglieder der Städt. Bühne fertigen wir an (siehe beiliegende Personenreferenz)."[44]

In seiner Autobiografie[45] erinnert sich Hanns Friedrichs stolz, dass es ihm nach nur einem Jahr Arbeit gelungen war, eine solche Modenschau durchzuführen. Umso überraschter war er, als bereits am nächsten Tag Bestellungen eingingen. Für Friedrichs war dies das Zeichen, dass er den Geschmack der aufblühenden Nachkriegszeit getroffen hatte. Mit Freude berichtet er, dass er ein Abendkleid mit dem Namen „Seerose" veräußern konnte. Bereits damals vermochte er, mit seiner kreativen handwerklichen Gestaltung zu überzeugen. Das Kleid war von einer trägerlosen Korsage geprägt, die Seerosen bestanden aus handgefertigten weißen Blättern über der Büste. Der Unterrock war mit gesteckten Tüllwolken verziert. Bei aller Kreativität war der Entwurf so improvisiert, dass er die Modenschau nur in Einzelteilen überstand.[46]

---

[43] Anschreiben an die Schriftleitung der Westfalenpost Hagen/Westf. vom 4. April 1950, Archiv Hanns Friedrichs.

[44] Ebenda.

[45] Friedrichs, S. 70.

[46] Ebenda.

Bühne – meine Kostüme brachten mir immer viel Lob ein

Häufig war er gezwungen, aufgrund fehlenden Materials zu improvisieren. Für eine Opernvorstellung fertigte er ein Kleid für eine Soubrette, das eine Verzierung aus Hühnerfedern, zuvor bei einer Bettenfirma geordert, erhielt, weil die ursprünglich für die Ausschmückung vorgesehenen Straußenfedern nicht zu beschaffen waren.[47] Seit dieser Zeit kam es immer häufiger dazu, dass der junge Modemacher auch Kleidungsstücke für Theaterproduktionen entwarf, was ein zweites Standbein wurde. Hagener Solosängerinnen wie Annemarie Baumgarten, Loni Hoffmann oder Lilli Volkert traten in Kleidern von Hanns Friedrichs auf. Kurz vor dem Tod des Modeschöpfers erinnerte die Rheinische Post in einem Artikel an dessen Anfänge als Kostümbildner: „In Zeiten der Not braucht man erfinderische Geister. Hanns Friedrichs entwirft sein legendäres ‚Mullbindenkleid' für die ‚Czardasfürstin', von dem er später eine Rekonstruktion zusammen mit anderen Kreationen dem Düsseldorfer Stadtmuseum stiftet." „Die Soubrette bekam ein grünes Kleid aus dem Stoff eines Billardtisches", erzählte er. „Statt mit Pailletten schmückten wir es mit Erbsen und Bohnen." Damit ist der Anfang als Kostümbildner gemacht, der in Düsseldorf mit dem Kontakt zur legendären Gräfin Orlowska, der Gründerin der „Komödie", seine Fortsetzung fand. Hanns Friedrichs wurde für drei Jahrzehnte der „Hofschneider" des Boulevard-Theaters. Unter den Prinzipalen Alfons Höckmann und Ingrid Braut kleidete er bedeutende Schauspielerinnen ein: Camilla Horn, Lil Dagover, Sonja Ziemann. Viele damalige Stars der „Komödie" wie Heide Keller oder Marianne Rogée wurden ihm zu lebenslangen Freundinnen. „Da konnte das Stück ruhig mal daneben gehen, meine Kostüme brachten mir immer viel Lob ein", sagte er. „Sobald die Frauen die Bühne betraten, gingen Ahs und Ohs durch die Reihen."[48] Darüber hinaus fertigte er Kostüme für zahlreiche weitere Schauspielhäuser, aber auch für die Revuen des Kopenhagener Tivoli.

Den größten Erfolg als Kostümbildner konnte Hanns Friedrichs in Hollywood feiern, als er 1987 von Warner Brothers eingeladen wurde, seine Abendmode für Film und Fernsehen zu präsentieren. Die am Rande eines Sets präsentierten Roben fanden schließlich das Interesse von Joan Collins. So gelang es Hanns Friedrichs neben seiner erfolgreichen Tätigkeit als Modeschöpfer, seine Entwürfe in drei der erfolgreichsten US-amerikanischen Serien, „Der Denver-Clan", „Die Colbys" und „Hotel", zu platzieren.[49] Joan Collins und Linda Evans, die Hauptdarstellerinnen der Serie Denver-Clan, trugen vor einem Millionenpublikum HF-Modelle.

Seine Tätigkeit als Kostümbildner, die ihm die Bezeichnung als Couturier mit doppeltem Boden[50] eingebracht hatte, kommentierte Friedrichs 1970 in einem Gespräch so: „Es macht eben so viel Freude, die Frau von heute anzuziehen, sachliche Umrisse zu entwerfen, klare Schnitte auszuarbeiten. Damit habe ich nicht nur in meinem Modesalon Erfolg, sondern auch auf der Bühne."

Aufstieg und Erfolg

Sein rasanter Aufstieg war eine klassische Erfolgsgeschichte des Wirtschaftswunders der Nachkriegszeit. Bereits 1954 kam es zur Zusammenarbeit mit der Heinrich Habig AG in Herdecke. Habig suchte in den 1950er Jahren als industrieller Textilhersteller die Zusammenarbeit mit Kreativen, unter anderem fertigten Gustav Deppe, Fritz Winter, Rolf Cavael, Hubert Berke, Heinz Trökes, Peter Herkenrath und Emil Schumacher Entwürfe für die Stoffe des Herdecker Textilfabrikanten.[51] Hanns Friedrichs entwarf für die Heinrich Habig AG aus deren Kunstfasern ärmellose, schlank geschnittene Etuikleider, für die er Stoffe mit einem meist floralen Muster verwendete.[52] Eines der fotografisch dokumentierten Modelle zeigt eine Kombination aus Cape und Kleid. Friedrichs konnte dabei die neu entwickelte Kunstfaser „Habig Acetat" auf ihre Eignung für Couture prüfen. Kunstfaserstoffe entwickelten seit den 1950er Jahren eine große Bedeutung für die Produktion von Massentextilien. Zur selben Zeit arbeitete auch Heinz Oestergaard mit der Firma Bayer unter Verwendung der Kunstfaserstoffe „Cupresa" und „Cuprama" zusammen.[53] Der Vorteil dieser Kunstfasern lag in ihrem unschlagbaren Preis. Ein laufender Meter „Cupresa" kostete zwischen 4 und 6 D-Mark, wolliges „Cuprama" zwischen 6 und 8 D-Mark.

Mit dem zunehmenden Erfolg wuchs auch die Zahl der Mitarbeiterinnen, 1954 beschäftigte

Der junge Modeschöpfer mit den Mitarbeiterinnen vor dem Hagener Atelier. 1953. Foto: Nachlass Friedrichs.

47 Ebenda, S. 71.

48 Regine Goldlücke, Der Mann, der niemals aus der Mode kommt, Rheinische Post, 24. Juni 2012.

49 TM Textilmitteilungen a.a.O.

50 Gisela Twer, Seitensprung in das Theater, Hanns Friedrichs – ein Couturier mit doppeltem Boden, Düsseldorfer Hefte, 13, 1.–15. Juli 1970, S. 6.

51 Festschrift 150 Jahre Habig, Herdecke, 1959.

52 Friedrichs, S. 52f.

53 Waidenschlager, 1992, S. 37f.

Etiketten sind nur selten in den Modellen vernäht. Hanns Friedrichs nutzte im Lauf der Zeit drei unterschiedliche Etiketten für seine Modelle. In den 1950er Jahren wurde das Etikett „HafriModell" noch regelmäßig verwendet. Seit Mitte der 1960er Jahre stand auf den Etiketten „Hanns Friedrichs Modell", gleichzeitig wurden nicht mehr alle Modelle mit einem Etikett versehen. Ab den 1980er Jahren wurden nur noch in wenige Modelle Etiketten genäht. Sie waren nun mit „HF Hanns Friedrichs Düsseldorf" beschriftet. Nach Auffassung von Hanns Friedrichs benötigten seine exklusiven Modelle keine Etiketten, es seien keine „Schildchenkleider".

Hanns Friedrichs bereits 40 „Näherinnen".[54] Seine Entwürfe hatten es zu internationaler Berühmtheit gebracht: „An den Dior des Ruhrgebietes, Modeatelier, Hagen, hatte Señora Lapello, eine Bankiersfrau aus Mexiko, in ihrer energischen Schrift mit violetter Tinte auf den Umschlag geschrieben. Der Brief kam trotz der unvollständigen Anschrift (…) an: bei Hanns Friedrichs, dem jüngsten Modeschöpfer Deutschlands. ‚Meine aus dem Bergischen Land gebürtige Freundin hat mir Ihren Namen nicht verraten', entschuldigte sich die neue Kundin. ‚Schicken Sie mir Entwürfe, wenn meine Zeilen Sie erreichen sollten. Ich habe hier viele Interessentinnen für Ihre Schöpfungen.'"[55]

1956, am 29. Februar, konnte Hanns Friedrichs in der Fleyer Straße 46 für das Modellhaus Friedrichs eigene Räume beziehen. Anlässlich der Eröffnung bescheinigt ihm Dr. Bartels als Vertreter der Stadt Hagen, dass das Haus Friedrichs als kulturbetonte Stätte der Haute Couture weit über Hagen hinaus einen großen Ruf erlangt habe.[56] Die Architekten Wulf D. und Marilis Knipping schufen für das Modellhaus Friedrichs im Erdgeschoss mit einer nach Südwesten geöffneten Fensterwand eine strahlend helle, in den Grundfarben Grau, Gold und Schwarz gehaltene, repräsentative Empfangssituation, die auch zur Straße hin mit bodentiefen Fenstern geöffnet war. Neben dem Empfang ordneten sie Anprobe und Werkstätten an. Gezielt skulptural als Gestaltungselement eingesetzt verband eine offene, zylindrisch angelegte Wendeltreppe die nach Süden ausgerichtete, im Untergeschoss liegende Atelierwohnung für Hanns Friedrichs mit dem Empfangsbereich und weiteren Werkstätten im ersten Obergeschoss. In weniger als zehn

Kein Etikett, doch manchmal wollte Hanns Friedrichs nicht auf den Hinweis zu seiner Urheberschaft verzichten. Ab den 1980er Jahren sind halbkugelförmige gold/silberfarbige Knöpfe mit dem eingravierten Namenskürzel HF vielfältig im Einsatz.

Jahren war es Hanns Friedrichs gelungen, sich als Couturier einen Namen zu machen sowie einen festen Kundinnenstamm aufzubauen.

Die Freude an dem neuerrichteten Modellhaus in der Fleyer Straße währte jedoch nur kurz. 1958 musste Hanns Friedrichs das Gebäude, das im Grundbuch auf den Namen Richard Friedrichs eingetragen war, verkaufen, um aus dem Erlös die Behandlungskosten seines schwer erkrankten Vaters zu decken. Sein Versuch, Dritte die Immobilie für ihn erwerben zu lassen, scheiterte. Immerhin aber konnte er das Unternehmen erwerben und am nahegelegenen Emilienplatz, der nun für die nächsten 40 Jahre Standort des Hagener Ateliers bleiben sollte, weiterbetreiben.

Seine Modelle mussten den Vergleich mit französischer Couture nicht scheuen. In diesen Jahren verwendete der Modeschöpfer das Label „Hafri-Modell". Voller Stolz äußerte seine Mutter gegenüber der Presse: „Wir müssten unser Firmenschild eigentlich außen auf die Kleider nähen, sonst glaubt kein Mensch, dass diese Modelle aus Deutschland kommen."[57]

Hanns Friedrichs hatte allerdings sein ganz eigenes Verhältnis zu Etiketten. Verwendete er in den frühen Jahren, bis in die 1960er Jahre hinein, noch regelmäßig Modeetiketten, so tragen ab den 1970er Jahren immer weniger Modelle Etiketten. Nach seiner Auffassung war es unnötig, einen HF-Entwurf durch ein Etikett als solchen zu kennzeichnen. In diesem Zusammenhang ist auch bemerkenswert, dass Hanns Friedrichs seine Entwürfe nie über Dritte, sondern exklusiv in seinen beiden Ateliers in Hagen und Düsseldorf verkaufte. Wer ein Modell von Hanns Friedrichs im Atelier bestellte und in aller Regel mehrere Anproben absolvierte,

[54] Rheinischer Hausfreund, 2. Mai-Folge 1954, S. 558.
[55] WAZ, 13. Februar 1954.
[56] WP, 29. Februar 1956.
[57] Friedrichs, S. 75.

benötigte kein Etikett, um es als HF-Modell zu erkennen. Im Gegenteil, seine Kundinnen sahen darin einen weiteren Ausdruck der Exklusivität der eigens für sie zugeschnittenen Kleidung.

Auf der anderen Seite sind aufgrund der fehlenden Labels viele der HF-Modelle in der ursprünglich gewollten Anonymität verloren gegangen. Anders als die Entwürfe seiner Zeitgenossen taucht die Couture von Hanns Friedrichs nicht in den einschlägigen Modeauktionen auf. Provenienz lautet hier die häufig nicht zu erfüllende Anforderung an die kostbaren Stücke. In den kommenden Jahren wird sich die Problematik noch verstärken, da im Laufe der Jahre immer weniger ehemalige Kundinnen sowie Direktricen und Schneiderinnen zur Verfügung stehen, um die von Hanns Friedrichs entworfenen und von ihnen geschaffenen Modelle zweifelsfrei zu identifizieren.

Beispielhaft ist in diesem Zusammenhang eine aus dem Kreis der Mitarbeiterinnen berichtete Anekdote. Eine prominente Kundin, die großen Wert auf Diskretion legte, wurde zu ihrer Überraschung am Düsseldorfer Flughafen bei der Sicherheitskontrolle darauf angesprochen, ob sie denn wüsste, dass sie ein HF-Modell trägt. Es stellte sich heraus, dass die Mitarbeiterin des Sicherheitsdienstes zuvor lange Jahre im Düsseldorfer Atelier von Hanns Friedrichs gearbeitet hatte.

Nicht zu allen Zeiten und Gelegenheiten verzichtete der Modeschöpfer jedoch ganz darauf, auf seine Urheberschaft hinzuweisen. Etliche seiner Modelle sind mit Knöpfen versehen, auf denen das Monogramm HF prangt, daneben ließ er auch einen hochwertigen Jacquard-Seidenstoff in verschiedenen Farben mit seinem Namenskürzel fertigen.

Bereits kurz nach der Eröffnung seiner Modeateliers in Hagen und Düsseldorf präsentierte Hanns Friedrichs an beiden Standorten ab 1952 regelmäßig jährlich aufwendige Modenschauen, die zu einer bald fünfzig Jahre währenden Tradition werden sollten. Von Beginn an legte er Wert auf hohe Professionalität, engagierte bis zuletzt bekannte Mannequins,[58] u. a. Ina Stein,[59] Inga Hain, Marie-Louise Steinbauer, Caren Pfleger, Elke Krivat-Gazzara oder Shamin Werwach, und beauftragte zeitweise beliebte Schauspieler wie Hans Müller-Westernhagen, den Vater des Rockmusikers Marius Müller-Westernhagen, mit der Präsentation seiner Modelle. Bereits Ende der 1950er Jahre übernahm Hanns Friedrichs selbst die Moderation, zu Beginn noch dezent mit schwarzem Rollkragenpullover und Sakko gekleidet im Hintergrund, spätestens ab Ende der 1960er Jahre dann aber mit starker eigener Präsenz, regelmäßig an das Thema seiner Schau angelehnt. Er kommentierte seine, teils überzeichneten, Auftritte in einem Interview in Anspielung an seine Anfänge als Schauspieler einmal wie folgt: „Meinen Egotrip habe ich mehrmals im Jahr auf meiner Show, wo ich auf dem Steg üppig mitmische, der Drang zur Bühne hat mich nie ganz verlassen.".[60]

Die Modenschauen von Hanns Friedrichs entwickelten sich innerhalb kürzester Zeit zu Society-Ereignissen, zu einem gesellschaftlichen Muss. Auf seinen Modenschauen trafen sich zahlreiche erfolgreiche Frauen und Männer der deutschen und internationalen Wirtschafts- und Finanzwelt. Zum Beginn der 1970er Jahre gab Hanns Friedrichs die Modenschauen in Hagen, die zuvor immer einen Tag vor den Düsseldorfer Schauen stattfanden, auf. Seine

Bühne war nun das Düsseldorfer InterContinental Hotel, später das Radisson SAS Hotel. Den verbliebenen Kundinnen aus dem Hagener Raum wurde ein Busshuttleservice zu den Düsseldorfer Schauen angeboten.

Die Modeschauen waren in zwei Abschnitte aufgeteilt, im zweiten Teil wurde die Abendmode und jeweils zum Abschluss das Brautkleid der Kollektion gezeigt. Häufig wurden bereits die Pausen zwischen dem ersten und zweiten Teil der Schau dazu genutzt, Anprobetermine zu vereinbaren bzw. direkt vom Laufsteg weg Modelle zu erwerben. Hanns Friedrichs reagierte auf dieses Verhalten seiner Kundinnen, indem er bald, anders als viele der Couturiers in Paris, den überwiegenden Teil seiner jeweiligen Kollektion in der bei seinen Kundinnen verbreiteten Größe 38 präsentierte.

Vielfach bescheinigtes Talent im Tanz und auf der Bühne. Hanns Friedrichs mit dem Mannequin Elke Krivat-Gazzara bei der Vorbereitung vor einer Modenschau. 1967. Foto: Nachlass Friedrichs.

58 Friedrichs, S. 58f., 62 und 64. **59** Hanns Friedrichs im Interview mit Viola Peters, S. 111. **60** Welt am Sonntag, 29. Mai 1988.

Vom Entwurf zum Modell

Vor den Schauen standen Entwurf und Schneiderei. Zu diesem Zweck wurden die für die Kollektion ausgewählten Stoffe im Atelier vor einem Spiegel präsentiert. Es wurde erörtert, was passt wie zusammen, was kann daraus entstehen. Von Jahr zu Jahr konnte Hanns Friedrichs bei neuen Entwürfen auf immer mehr Erfahrung mit vorangegangenen Modellen, ihren Materialien, der Wirkung der Stoffe zurückgreifen. Nach ersten Vorüberlegungen erfolgten grobe Skizzen, teils mit Varianten für Hose, Rock oder Kleid. Anhand weiter ausgearbeiteter Skizzen wurde zunächst der Grundschnitt und dann der endgültige Schnitt für jedes Modell ausgearbeitet; anschließend zugeschnitten. Die Direktricen, leitende Meisterinnen mit der zusätzlichen Qualifikation, Schnittmuster erstellen zu können, legten dann eine Arbeitskarte mit Stoffnummer und Metrage an. Im Weiteren verteilten sie die zu erledigenden Arbeiten an die einzelnen Schneiderinnen, von der viele ein Spezialgebiet hatten, und besprachen den Entwurf mit diesen. Mit dem zugeschnittenen Stoff, der zunächst nur geheftet war, erfolgte die erste Anprobe gemeinsam mit Hanns Friedrichs. Im Anschluss erfolgte die Festlegung der Details, Knöpfe und Verzierungen. Nun wurde das Modell endgültig genäht, um dann in einer weiteren Anprobe vom Modeschöpfer abgenommen zu werden. Ein Prozess, der sich so über bald 50 Jahre zweimal im Jahr regelmäßig wiederholen sollte.

Kostete der Eintritt zu den regelmäßig schnell ausverkauften Schauen in den 1970er Jahren noch 15 D-Mark, mussten die ca. 300 Gäste in den 1990er Jahren bereits 50 D-Mark, zuletzt 2001 sogar 65 D-Mark als Eintritt bezahlen. Die mit der Einladung verbundene Aufforderung, Abendgarderobe zu tragen, war für das angesprochene Publikum eine bei solchen Anlässen nur zu gerne praktizierte Selbstverständlichkeit. Keine Frage, aus welchem Haus die dort getragenen Modelle zumeist stammten.

Schlicht und elegant, so präsentierte Hanns Friedrichs in den 1960er Jahren im Anzug seine Modenschauen, zeitweise auch im schlichten Rollkragenpullover mit Hose. Foto: Nachlass Friedrichs.

Auftritt. Seit den späten 1960er Jahren wurde der Laufsteg der Modenschauen immer öfter zur „Bühne" für Hanns Friedrichs. Bei einigen Schauen begleitete er die Mannequins bis zu 35 Mal auf dem Laufsteg. 1978. Foto: Titsche-Friedrichs, Düsseldorf.

1950er Jahre – schlichte Grundlinie und raffinierte Schnitte

Bereits bei den frühen Entwürfen der 1950er Jahre zeichnen sich besondere Merkmale ab, auf die der Modeschöpfer während seiner über 50 Jahre währenden Tätigkeit immer wieder zurückgriff.[61] Dazu gehören das Aufspringen von Falten und Schlitzen, die klassische Schnittformen andeuten und seinen Kleidern zu schwingenden Bewegungen verhalfen. Immer wieder spielte er mit der Asymmetrie bei Schnitt und Ornamenten. Auch achtete er bei aller Eleganz darauf, dass die Bequemlichkeit, und damit die praktische Nutzbarkeit im Alltag, nicht zu kurz kam. Nur ausnahmsweise schnitt er Röcke und Mäntel so eng, dass die Alltagstauglichkeit hinter der Eleganz zurücktreten musste[62]. Begeistert verwendete er Perlen, Strass, Pailletten und Federn; nach seinem in den Ateliers häufig verkündeten Motto „so üppig wie möglich" konnten es nie zu viele sein. Schließlich waren es hochwertige Materialien und Stoffe, die seine Modelle herausragen ließen. Betonte Rückenpartien waren seit den von Jacques Fath beeinflussten Entwürfen der rückseitigen Knopfleisten durch die Jahrzehnte ein weiteres signifikantes Merkmal der HF-Modelle.[63]

Seine Kundinnen, die sich nicht selten in seinen Entwürfen im Geschäftsleben als Unternehmerinnen oder Unternehmergattinnen bewegten, legten nachdrücklich Wert darauf, mit ihrer Kleidung aus jeder Perspektive Souveränität und Eleganz zu signalisieren. So wie in damaligen Zeiten Männer mit ihrer Businesskleidung Macht- und Führungsanspruch zum Ausdruck brachten, so wollten auch die Kundinnen von Hanns Friedrichs mit ihren HF-Modellen ihre gesellschaftliche Stellung oder ihren Einfluss als Unternehmerinnen und Geschäftsfrauen betonen. Eine Aufgabe, die die Entwürfe von Hanns Friedrichs bereits aufgrund der erkennbar hochwertigen, teils einzigartigen, Stoffe bei gleichzeitig dezenter, aber raffinierter Schnitttechnik selbstverständlich erfüllten. Neben ihrem ästhetischen Reiz machte die aus dieser Qualität resultierende Alleinstellung die hohe Attraktivität der Modelle aus dem Atelier von Hanns Friedrichs aus. Dessen war sich der Modeschöpfer mehr als bewusst. Stolz berichtete er davon, dass er die Nachfrage arabischer Prinzessinnen erst beantwortete, nachdem sie aufgrund eines, von einer anderen Kundin zuvor vereinbarten Termins über eine Stunde auf ihn hatten warten müssen. Noch vor der Einführung des Onlineshoppings vertrieb Hanns Friedrichs seine Modelle international, indem er seinen Kundinnen Videos[64] der Modenschauen schickte, um dann telefonisch die Auswahl der Modelle zu besprechen.

Friedrichs hat seine Mode, nicht selten auch sich, in vielfältiger Weise präsentiert, eines hat er nie gemacht: Werbung.[65] Dies hatte zwei Gründe: Zum einen fertigte er keine Prêt-à-porter-Mode in großen Stückzahlen, sondern von jedem Modell nur wenige Exemplare auf vorherige Bestellung seiner Kundinnen, zum anderen war es ihm gelungen, im Kreis derer, für die seine exklusiven Modelle in Betracht kamen,

Gerade in seinen Anfangsjahren ließ Hanns Friedrichs die Mannequins vor ungewöhnlichen Kulissen posieren, hier 1955 vor einer Esso Tankstelle. Links ein Modell aus Duchesse-Seide in heller Farbgebung. Volantrock mit seitlich gebundener Schärpe. Raffiniertes Oberteil, enge Ärmel. Drapierte Korsage als Unterteil. Das nebenstehende dunkle Seidenkleid ist mit einem damals populären Fichu-Kragen aus hellem Organza mit dunklen Stickereien verziert. 1955. Foto: Nachlass Friedrichs.

Stark taillenbetontes helles Organzakleid mit Glockenrock, Unterrock und drapierter gleichfarbiger Korsage. Extravagant der hochstehende Capekragen, der mit einer kontrastierenden schwarzen Seidenblume geschmückt ist. Foto: Nachlass Friedrichs.

von einer Kundin zur nächsten weiter empfohlen zu werden. Darauf begründete sich das Erfolgs- und Geschäftsgeheimnis des Modeschöpfers. Es gelang ihm, wie nur wenigen, Kundinnen über Jahrzehnte zu binden. Friedrichs formulierte es einmal so: „Entscheidend für meinen Erfolg ist, dass nicht nur die Kundinnen gekommen sind, sondern dass die Kundinnen geblieben sind".[66] Hanns Friedrichs wurde als Geheimtipp gehandelt, es galt als Privileg, von ihm persönlich eingekleidet zu werden. Seine Zurückhaltung in Sachen Werbung und Marketing hatte zur Folge, dass von seinen Modellen nur wenige professionelle Modefotos existieren. Auch Modemagazine und Fachzeitungen nahmen ihn weniger wahr; ohne die sachkundige Berichterstattung in den Lokalzeitungen wären viele Informationen über zum Teil nicht mehr existierende Modelle verloren gegangen.

In Hagen fanden die ersten Modenschauen im Hotel Dresel, im Haus der Concordia, im Parkhaus Hagen, ab 1956 auch im Modellhaus Friedrichs in der Fleyer Straße 46, statt. Die gezeigten Kleider und Röcke variierten zwischen Bleistiftsilhouetten und schwingender Weite, engen Taillen und legerer Jumperform, Stehkragen und Dekolleté, strenger Symmetrie mit einseitiger Linienführung. Hanns Friedrichs modifizierte die Grundformen zudem durch Lackeffekte, Fransen, Samt- und Pelzbesatz, vor allem aber Stickerei und Spitzen. Beim Modentee im Haus der Concordia wurden 1952 neben den Entwürfen von Hanns Friedrichs Hüte von Arndt, Schmuck von Dörner, Stoffe von Dransfeld sowie Cloqué-Chintze von Göcke und Pelze von Wolff gezeigt, damals die renommiertesten Ausstatter ihres jeweiligen Fachgebiets in Hagen.[67]

[61] Viola Peters am 7. Mai 2008 in Hanns Friedrichs – Der „Dior vom Rhein" in der Nachkriegszeit, Magisterarbeit zur Erlangung einer Magistra Artium, Institut für Kunst und Materielle Kultur, Technische Universität Dortmund, Oktober 2008, S. 69f.

[62] Friedrichs, S. 69.

[63] WP, 23. September 1954.

[64] Friedrichs, S. 168.

[65] Hanns Friedrichs im Interview mit Viola Peters, S. 105.

[66] Friedrichs, S. 183.

[67] WP, 9. Januar 1952.

Cocktailkleid aus grauem Organza mit Federnbesatz, dessen zartes Rosa auf die Farben des Taftunterkleides abgestimmt sind. Taillenbetont. 1954. Foto: Nachlass Friedrichs.

Das Mannequin präsentiert ein schwarzes Cocktailkleid mit applizierten schwarzen Lackblüten im neu errichteten Modeatelier in Hagen. Schulterfreies Oberteil mit kleinen Ärmeln, mit Schleifen verziert. Ausgestellter Rock mit kleinen Falten, in Taillenhöhe gelegt. Foto: Stadtarchiv Hagen.

Baumwollkleid mit abstraktem Muster, halblangen Ärmeln und verdeckter Knopfleiste. Vorne durchgeknöpft, angesetzte Kapuze. Ein Gürtel betont die Taille. Foto: Stadtarchiv Hagen.

Wie wichtig Hanns Friedrichs der Hut war, erläutert er in seiner Autobiografie: „Das, was heute verpönt ist, war damals der Anfang meines Erfolges: der Hut. Denn in den 1950ern war er Pflicht. Die beiden berühmtesten Putzmacherinnen – Trude Lehr im Breidenbacher Hof, Tessi Steigleder an der neu gebauten Berliner Allee in Düsseldorf – sowie Stauber-Stendel in München, mit denen ich damals gearbeitet habe, haben mir den Grundstamm an Kundinnen gebracht. Der Rest ging von Mund zu Mund."[68]

Bei der durch die Hagener Lokalpresse verfolgten Modenschau 1954 ergänzte Hanns Friedrichs seine Entwürfe um Elwo-Hüte, Modeschmuck von Schmale und handgewebte Stoffe von Edeltraut Giese, die er etwa zu einem dreiteiligen Hahnentrittkostüm verarbeitete. Zur Freude seiner Hagener Kundinnen blieben die Röcke lang und wurden nicht wie bei Dior bis zum Knie gekürzt. Auch folgte Hanns Friedrichs in seiner Präsentation nicht der von Dior initiierten H-Linie.[69] Friedrichs wusste 1954 durch eine betont schlichte Grundlinie und raffinierte Schnitte zu überzeugen. Zuspruch fanden auch die geflochtenen Taillen, Stickereien aus Wolle und mit Perlen, Porzellansteinen oder Silberstiften sowie eingefärbte Spitzen und Federn. Bei allem Fantasiereichtum wird ihm die Kunst des weisen Maßhaltens attestiert. Am Folgetag wurde die Kollektion im Rahmen eines Mode-Cocktails im Hotel Zweibrücker Hof in Düsseldorf gezeigt. In den folgenden Jahrzehnten sollte die Hagener Lokalzeitung die Modenschauen, bereits am Tag vor der Düsseldorfer Präsentation, regelmäßig dokumentieren.

Schulterfreies, einfarbiges, dunkles, kurzes Duchesse-Abendkleid mit Büstenraffungen und Pelzstola, präsentiert von einem Mannequin in den Räumen der Concordia in Hagen. Foto: Nachlass Friedrichs.

Hanns Friedrichs inmitten der Mannequins bei einer Modenschau im Hagner Parkhaus. Kostbare Abendroben aus Duchesse und Brokatstoffen mit Oberteilen aus Korsagen. Alle Modelle taillenbetont und schulterfrei, teils mit ausgestellten Röcken. Foto: Pickel, Düsseldorf.

Anlässlich der Eröffnung seines neu errichteten Atelierhauses in der Fleyer Straße 46 am 29. Februar 1956 ließ Hanns Friedrichs 80 Modelle, darunter ein elegantes Streifenkleid in Prinzessform, ein farbenfrohes Ferienkleid mit abknöpfbarem Pelerinnenteil sowie ein weißes Spitzenkleid mit schwarzer Band- und Rosengarnitur, vorführen.[70] Die Prinzesslinie mit Empire-Anklängen bestimmte große Teile der Kollektion. Friedrichs nutzte diese Linie, um unter Wahrung der weiblichen Silhouette originelle Schnittlösungen zu finden. Dabei achtete er auf das Zusammenspiel zwischen Stoffwirkung und Linienführung. Ergänzt wurden seine Entwürfe durch aparte Knopfreihen, ein einzelnes Schmuckstück, oder hier und da abwechselnd mit schmalen Schweizer Borduren oder Samtblenden, die in Form eines auf den Kopf gestellten Dreiecks der Büste oder dem Rock eine streckende Wirkung verliehen. Seine schlauchengen Röcke versah er mit fächerförmigen Gehfalten, die unterhalb des Knies seitlich aufsprangen.

1956 zeigte Hanns Friedrichs zur Wintermodenschau ein schwarzes Capekleid, bei dem als Kontrapunkt weiße Ärmelchen aus Schweizer Spitze herausschauten. Als Abendkleid präsentierte er das Modell „Josephine" aus pfauenblauem Duchesse mit Büstenraffungen. Seine Tageskleider zeigten kurze, enge Directoire-Ärmel. Mit „magnetischen" Röcken, die in der Taille rund eingelegt werden, zitierte er Dior. Hinzu kamen zahlreiche elegante Kostüme und Mäntel, Tages-, Cocktail- und weitere Abendkleider zu dem Thema „Der Stoff bestimmt den Schnitt". Bei den Abendkleidern herrschten Brokat, Duchesse, Taft und Metall-Organza vor. Zum Teil wählte Friedrichs für die

68 Friedrichs, S. 79 f.
69 WP, 23. September 1954.
70 WP, 1. März 1956.

Dreiteiliges Kostüm aus dem Jahr 1954. Gefertigt aus Hahnentritt-doppelgewebe in Grün, Curry und Braun mit einem glockigen Rock und einer kurzen Jacke mit verdecktem Reißverschluss. Dunkelbrauner Lederkragen und Paspeltaschen. Stoff aus der Weberei Edeltraut Giese, Hagen. 1954. Foto: Katja Stromberg.

Kollektion auch enge Futteralkleider.[71] Im Folgejahr wird seiner Winterkollektion saloppe Eleganz bescheinigt.[72] Als Farben behaupteten sich wie im Vorjahr Schwarz und Blau, bei den Stoffen die beliebten und praktischen Tweed- und Jerseystoffe. Neu sind Kristall- und Metalljersey; ebenso die Modefarbe Petroleum. Das „kleine Kleid" präsentierte er überwiegend in der neuen Futterallinie mit einem legeren Oberteil zum schmal gestellten Rock. Zur Wirkung kamen die Modelle durch die Verarbeitung des Stoffes mit vielen Drapierungen und Raffungen. Kostüme wurden mit lose geschnittenen Jacken und engem Rock gezeigt; neu die bevorzugten Sieben-Achtel-Ärmel.

Im Düsseldorfer Parkhotel zeigte Hanns Friedrichs 1959 seine über die Jahre konsequent entwickelte Vorliebe für eine natürliche Linienführung mit weichen Konturen und erkennbaren Taillen. Seine Besucherinnen erkannten darin nicht zu Unrecht auch die aktuelle Linie der Pariser Mode.[73] Einen Schwerpunkt der neuen Kollektion bildeten Kostüme mit taillenkurzen Jacken, die teils große Schulterkragen zeigten. Die Kleider wiederum waren, mit dem Ziel die Taille zu betonen und hoch zu führen, von breiten Ledergürteln oder fantasievollen Gürteln aus dem Material des Kleides geprägt. Zusätzlich wurden Hemdblusenkleider mit bauschigen Ärmeln, blusigen Rücken und Röcken von verschwenderischer Weite vorgeführt. Wieder einmal bewies Friedrichs sein Talent in der Kombination von Schnitt und Material. Tweed, Panama, Natté, Shetland und Woll-Leinen dominierten die Frühjahrsmodelle. Für den Sommer präsentierte Friedrichs Kleider aus zarter Wollspitze, italienischem Musselin, neuartigem Baumwollreliefstoff, Piqué und natürlich Seide in allen Variationen. Die Farben wurden immer vielseitiger. Zu Weiß, Schwarz und Blau-Weiß traten nun gelbe Töne, Orange, Bordeaux, Meergrün und ein zartes Lila. Ganz anders stellten sich die Kostüme dar, die Hanns Friedrichs in ihrer „entfesselten Fantasie" nur eine Stunde später in der Düsseldorfer Bar „Tabaris" für die neue Revue präsentierte.

Ensemble aus irischem Tweed mit loser Jacke und durchgezogenem cognacfarbenem Wildledergürtel. Dachkragen. Enger, langer Rock mit eingearbeiteten Leistentaschen. Foto: Nachlass Friedrichs.

Zweifarbiges, kleinkariertes, Wollkostüm mit doppelreihiger Jacke sowie angeschnittenen Ärmeln und Kapuze. Enger langer Rock mit eingearbeiteten Leistentaschen. 1955. Foto: Rudolf Brenen, Hagen.

71 WP, 13. September 1956.　　**72** WP, 12. September 1957.　　**73** WP, 7. März 1959.

Schmaler, zweireihiger, knielanger Bouclé-
Mantel mit Saumrundung. Große Knöpfe,
kleiner schräger Steg. Der zweite Mantel ist
ebenfalls ein doppelreihiger Bouclé-Mantel
mit Capeärmeln und kleinem Bubikragen. 1961.
Fotos: G. Hasselbeck, Düsseldorf.

1960er Jahre – die Röcke bleiben kurz

Die 1960er Jahre brachten eine Veränderung in der Damenmode, es herrscht Sachlichkeit. Oestergaard setzt auf Jackenkleider und dreiteilige Kostüme, in der Abendmode wird das Cocktailkleid immer kürzer. Ab 1965 bestimmen lässige, gerade geschnittene Kleider die Entwürfe von Oestergaard. Er begann, die geraden, geometrischen Linien von André Courrège (1923–2016) neu zu interpretieren. 1967 brachte Oestergaard Miniröcke heraus, die bereits 1962 von Mary Quant (*1934) eingeführt wurden; im Folgejahr präsentierte Oestergaard Jackenkleider mit Hosenröcken.[74]

Sein Berliner Kollege Uli Richter wählte für seine Entwürfe eine modische Silhouette mit leicht markierter Taille, die durch Gürtel oder gürtelartige Einsätze gekennzeichnet wird. Im Gegensatz zu Oestergard griff Uli Richter 1966 den Weltraumlook von Pierre Cardin (1922–2020) und Courrège auf. Auch mit den Metallkleidern von Paco Rabanne (*1934) setzte er sich auseinander. 1966 zeigt er als „Lektionen in Op-Art" beispielsweise einen Bikini zum Abendkleid oder einen goldglänzenden Trenchcoat aus Vinyl. Dem nun aufkommenden Trend zum Minirock folgte er nur bedingt. Seine Säume endeten in der Regel in der Mitte des Knies.[75]

Heinz Schulze-Varell (1907–1985) griff in den 1960er Jahren mit der aufkommenden körperfernen Mode seine Formensprache aus der Zeit vor dem „New Look" auf. In der Frühjahrskollektion 1960 zeigte er Kleider mit gerade geschnittenen Grundformen. Als Strand- und Sportkleidung präsentierte er kurze Röcke und Hotpants. Auch Schulze-Varell folgt der Minimode, die bereits 1963 neben Mary Quant, 1962, auch André Courrège präsentierte, nur zurückhaltend. So verlängert er Rocklängen, die bis zum halben Knie reichen, im Rücken, um die Kniekehlen zu bedecken. In der Herbstkollektion 1963 führt er in einer betonten Relativierung der Geschlechtsbezüge eine Vielzahl männlicher Kleidungrequisiten ein. Bei allen Bezügen zu den aktuellen Modetrends kritisiert er die Entwürfe von Courrège mit dem Hinweis, dieser sei Architekt und kein Modemacher. Trotz der zuvor geäußerten Kritik nähert er sich mit seiner linearen Schnittführung aber gerade den Entwürfen von Courrège. In seiner Sportmode folgt er avantgardistischen Entwicklungen und präsentiert Hotpants mit langen Stiefeln. 1968 greift er den Transparentlook von Yves Saint Laurent (1936–2008) aus dem Jahr 1966 auf, verblendet allerdings „kritische Zonen" mit undurchsichtigem Material.[76]

„Die Röcke bleiben kurz", das war die Kernaussage anlässlich der Frühjahrsmodenschau von Hanns Friedrichs im Parkhotel Düsseldorf am 9. März 1960.[77] Hanns Friedrichs verzichtete nun auf die Beschäftigung eines Moderators und begann, seine Modelle selbst vorzustellen; in späteren Jahren wurden daraus große Auftritte des Modeschöpfers. Beim Rock, Tages- und Cocktailkleid blieb die Länge in Kniehöhe. Das bevorzugte Material bei den

---

[74] Waidenschlager, 1992, S. 93, 104, 116, 122, 127, 138.

[75] Waidenschlager, 2007, S. 25–31.

[76] Auer, 1993, S. 157–162.

[77] WP, 10. März 1960.

Rock und Hemdbluse in türkisfarbenem Seidengeorgette mit plissiertem Überrock. Oberteil im Hemdblusenstil mit Pololeiste und langem spitzen Kragen. Handbezogene Knöpfe. Kragen, Gürtel sowie untere Saumkante in der Mitte des Unterrocks buntfarbig mit Perlen bestickt. Foto: Nachlass Friedrichs.

gezeigten 58 Modellen waren Tweed, Jersey, Chintz, Wolle, Georgette, Seide, dabei vor allem Wildseide. Für die Abendkleider fand Chinasatin in leuchtenden Farben Verwendung. Gezeigt wurden enge und weite Röcke mit hautengen Oberteilen. Die Kleider wiesen knappe Ärmel auf oder waren ganz armfrei. Vorherrschend waren bei Jacken und Mänteln angeschnittene und Fledermausärmel. Breite Gürtel und abnehmbare große Kragen boten weitere Variationsmöglichkeiten. Bei den Abendkleidern fielen ein Chinataftkleid mit einem Kuppelrock und tiefen Rückendekolleté sowie das Modell „Monte Carlo" aus grüner Wildseide mit Stickerei auf.

Die Wintermodenschau 1960 im Parkhaus Hagen fand unter Beteiligung des noch heute bestehenden Hagener Pelzhauses Wolff und des Düsseldorfer Hutsalons Trude Lehr statt. Die Modelle für den Winter betonten eine weiche, frauliche, fließende Linie. Sie waren in Schnitt und Material gediegen und dezent.[78] Hanns Friedrichs zeigte erneut Kostüme mit kurzer, loser, tieftaillierter Jacke. Hinzu kamen tief ausgeschnittene Cocktailkleider. Nicht nur das Prinzess-Kleid, auch Glocken-, Bahnenröcke und Rollkragen sowie fransende Nähte waren als aktuelle Beiträge für die kommende Modesaison Teil der Präsentation. Ergänzt wurden sie von hochgestellten Offizierskragen und Verwandlungskragen. Die Farben waren von Moosgrün, Weinrot, aber auch tabakfarbenen Tönen bestimmt. Als neue Materialien präsentierte Friedrichs Metalljersey, Chiffontweed und geschorenen Samt sowie kostbare französische Spitze. Eines der Abendkleider war aus weitmaschigem Netzjersey in Türkis mit Ballonrock gefertigt. Ein anderes präsentierte sich mit einer kurzen Chenill-Strickjacke über schwar-

Drei Modelle, die im Hagener Parkhaus vorgeführt wurden. Dunkler Doubleface-Rock mit hellem Wollkreppoberteil. Das Oberteil ist ärmellos mit Schlingenverschluss und Steg. Der Rock hat eine vordere Quetschfalte. Schleifengürtel. Das zweite Modell ist ein schräggeschnittenes ärmelloses Wollkleid mit Bolero. Perlenstickerei am Oberteil, gefüttert mit reinseidenem Pongé. Das dritte Modell ist ein Wollpiqué-Mantelkleid mit kleinen Klappentaschen und überzogenen gleichstofflichen Knöpfen. Angeschnittene Glocke und kleiner Bubikragen. Fotos: Nachlass Friedrichs.

zem Futteralkleid aus Duchesse. Besonderes Interesse fand ein Modell mit gewickelter schwarzer Wollseide.

Die Frühjahrs- und Sommermodenschau 1961 im Hagener Parkhaus zeigte die besondere Vorliebe von Hanns Friedrichs für Lyoner Seiden und Spitzen. Bei der Abendmode fanden überwiegend dezent farbige Wildseide, schwere blau-weiße Surahseide, Foularseide oder rosa Strohbastspitze, Taft, Duchesse oder gepunktetes Organza Verwendung. Farblich dominierten Grün-, Beige- und Goldtöne.[79] Die Tagesmode war mit Anorakkleidern oder losen Jumper- bzw. Wickelkleidern mit Turnhemdausschnitten vertreten. Kostbar gearbeitete Knöpfe, Stepp- und Schlittennähte sowie rückwärtige Rockweiten dienten der Verzierung. Bei den Kostümen schuf Friedrichs ein schickes Trois-pièce aus Kleid, Jacke und Mantel. Neu waren sportlich geschnittene Jackenkleider, unter deren Oberteilen sich kleine Ballroben aus Leinen, die zudem bestickt waren, versteckten. Auch an die Goldenen Zwanziger erinnerte Friedrichs. Sein Modell Charleston zeigte sich mit tiefer Taille aus handgewebter Rohseide mit Silberperlenfransen geputzt. Die schulterfreie Robe wies einen kleinen, kniekurzen Ballonrock mit großer Stoffrose am Saum aus. Viele Abendkleider wurden um Mäntel aus passendem Material ergänzt.

Bei der Kollektion, die in der Wintermodenschau 1961 im Parkhaus gezeigt wurde, löste die Prinzesslinie den engen Rock ab.[80] Friedrichs folgte bei seinen Modellen ganz der aktuellen französischen Linie und zeigte kurze, teils gegürtelte Jacken. Sie waren hoch geschlitzt oder capeweit. Als Material kam unter anderem Tweed oder rund geschorenes Kamelhaar zum

[78] WP, 8. September 1960. [79] WP, 3. März 1961. [80] WP, 7. September 1961.

Einfarbiges, enges, ärmelloses Organzakleid mit Gürtel und großer Blüte mit Cape, handrollierter Saumabschluss.

Auffällig geometrisch gemustertes ärmelloses Seidenkleid im hell-dunkel Kontrast mit Überrock.
Fotos: G. Hasselbeck, Düsseldorf.

Einsatz. Ergänzt wurden sie durch passende Kleider aus Kaschmir, Wildseide oder Leder. Besondere Exklusivität präsentierten ein spiral verarbeitetes schwarzes Panamakleid und ein Gürtelkostüm aus zu dicken Zöpfen geflochtenen Goldfäden.

Die Frühjahrsmode 1962 erfreute mit beweglich angehefteten Perl- und Steinstickereien. Diese unterstrichen die Wirkung der lose fallenden, gedrehten, gewickelten, geknoteten, gerafften oder applizierten Stoffbahnen in den gezeigten Überröcken mit ihren kapuzenartigen Rückenteilen, Schürzen, Kittel- und Flügelteilen.[81] Neu in der Frühlingskollektion waren viereckige bis zur Taille reichende Rückendekolletés in der Abendmode und enge, erst im unteren Drittel glockig schwingende Twiströcke. Kurzjackige Kostüme aus Shetland, Tweed und Gabardine wurden mit breiten Steppereien, schrägen Biesen, Ziernähten und schneckenhausgroßen, kunstvoll handgearbeiteten Nina-Ricci-Knöpfen verziert. Passend dazu Langani-Modeschmuck. Kopfputz und Hüte steuerte, wie bereits in der vorangegangenen Kollektion, Ingeborg Brandenburger bei.

In der Winterkollektion 1962 waren Straußenfedern, Bändchenspitze, Fransenfutter, plastische Samtspitze, Strasssteine und rot-schwarzer Samt-Decoupé die bevorzugten Materialien zur Dekoration der aktuellen Modelle. Bei der Abendmode fiel ein bodenlanges, enges Abendkleid aus bunt schillerndem langhaarigem schwerem Chenille-Goldbrokat auf, dass eine geraffte rückenfreie Korsage aus weinroter Wildseide präsentierte. Bestickt war die Robe mit kleinen funkelnden Ohrgehängen. Dazu gehörte ein kurzes Goldjäckchen. Die Tagesmode war von einer modernen Linie

Deutliche Anleihen bei André Courrége und Pierre Cardin. Alle Modelle zeigen eine betont schlichte Sachlichkeit. Blauroter Tweedmantel mit blauen Lederblenden. Gleichfarbiges blaues Wollkleid mit einem Hohlsaum in der Taille. Schlichtes maisgelbes Georgette-Jackenkleid. Die Jacke mit Wickeleffekt ausgeführt, oben durch einen doppelreihigen Verschluss mit Knöpfen gehalten. Blende und Kragen in einer helleren Farbgebung abgesteppt. Fotos: Nachlass Friedrichs.

salopper Weite bei losen Rückenpartien und körperferner Taillenführung geprägt. Petrol und Curry waren die neuen Modefarben.[82]

Die Frühjahrskollektion des Jahres 1963 präsentierte sich in ausgeprägter Schlichtheit. Bei den Farben herrschten Grau, Schwarz-Weiß, Lind- und Beigetöne vor. Mit dem Ziel, dezente Eleganz zu präsentieren, fehlten spektakuläre Muster, Formen und Farben fast vollständig. Die hemdglatten und röhrenengen Tageskleider wurden mit Modeschmuck, den Hanns Friedrichs nach eigenen Entwürfen anfertigen ließ, ergänzt. Als Stoffe bevorzugte Friedrichs für diese Kollektion körnige, lose-durchsichtige Noppentweeds, Shantung-Seide und besticktes Leinen, aber auch englische Herrenstoffe, gelackten Chintz, Tüll und Chiffon. Als zusätzliche Neuheit führte er ein Tropfenarmloch ein. Eine weitere Neuheit: fast jedes Kleid wies mindestens eine Tasche auf. Ein dezentes grau-schwarzes Wollkostüm mit gelb-weißer Webborte im Innenfutter wurde mit einer dazu farblich harmonierenden Bluse kombiniert.[83]

In der Winterkollektion 1963 zeigt Friedrichs bodenlange legere französische Kaminkleider. Nach einem Afrikaurlaub gab er dieser Kollektion einen leicht orientalischen Wüstenlook. Allerdings ließ er bei den verwendeten handgestickten Stoffen, nicht nur für die Abendkleider, Zurückhaltung walten, indem abstrakt farblich Ton in Ton gestickt wurde. In seiner Haute-Couture-Präsentation herrschten schmale Silhouetten vor, Capemäntel und Schleppencapes unterstrichen dies. Nur andeutungsweise griff er die in Paris aktuelle breite „Diorschulter", dann aber immer ohne Wattierung, auf.[84]

1964 wurde aus dem langen Kaminkleid das ebenfalls bodenlange Terrassenkleid aus

[81] WP, 8. März 1962.
[82] WP, 6. September 1962.
[83] WP, 7. März 1963.
[84] WP, 5. September 1963.

Die Siegerin eines Schönheitswettbewerbs im Jahr 1967 trägt ein Friedrichs-Modell. Langes Lurexabendkleid. Rock mit aufgesetzten Klappentaschen. Oberteil im Bolerostil, amerikanischer Armausschnitt. Stehkragen mit großen Perlmuttpailletten verziert. In der Taille ein schmaler Gürtel mit kleiner Schleife. 1967. Foto: Archiv Jutta Günnewicht.

Braut mit langem Rock und enger darunterliegender Hose sowie bauchfreiem Oberteil aus Organza mit aufgenähten Blumen. Das Bustier und der Rock sind ebenfalls mit Blüten reichhaltig verziert. Der Kopfschmuck ist als Blütenkranz gearbeitet. 1967. Foto: Nachlass Friedrichs.

Leinen, das nun immer häufiger anstelle von Twill und elegantem Crêpe de Chine verwandt wird. Neu auch Kostüme mit einer fest an den Rock genähten Bluse. Hinzu kamen leichte durchsichtige Kleidermäntel, die man allein als Kleid oder über einem Kleid tragen kann. Die figurunbetonte Shift-Linie ersetzt die von Friedrichs lange geschmähte Sacklinie. Die 60 Modelle ließen eine einheitliche, leger und locker die Taille umspielende Schnittkonzeption erkennen.[85] An die Mode der Dreißigerjahre erinnerten gestreifte Tageskleider mit seitlich eingesetzten senkrechten Taschen, Kugelknöpfen in Doppelreihen, streckenden Nahtpatten und schräggeschnittenen fließenden Bahnen. Verwegen präsentierte sich ein flamingofarbenes langes Abendkleid mit Bikinioberteil, gehalten von einem kleinen Träger um den Hals mit freiem Rücken und großem Ausschnitt.

In der Winterkollektion 1964 fehlte das kleine Cocktailkleid. Ersetzt wurde es durch bodenlange Roben. Dennoch fielen auch kurze Kleider auf, eines aus schwarzer Lackspitze mit gürteltiefem Schlitzausschnitt, das andere als Kapuzenmodell in Form eines überlangen und vollständig geknöpften hellblauen Jerseyjumper. Die bodenlange Abendmode war von broschierter Duchesse in Gold und Königsblau mit schillernder Bändchenspitze, viel Zellophaneffekt, Brokat und Seiden geprägt. Als Tageskleider präsentierte Friedrichs vier Modelle aus mollig-leichtem Schlingentweed in Türkis, Tabak, Weinlaubrot und Schwarz-Weiß. Bei der Präsentation seiner Modelle unterstrich Hanns Friedrichs: „Es gibt keine eindeutige Linie mehr, da praktisch alles geht und erlaubt ist."[86]

1965 bestimmten in der Sommermode hochgeschlossene Kleider aus grobem Leinen,

Zwei Modelle aus den 1960er Jahren: Grünes Chiffonabendkleid und Überrock mit Spitzennegligéoberteil und tiefem Armausschnitt. Das zweite Modell ist ein unifarbenes kurzes Wollgeorgette-Kleid mit eckigem Armausschnitt. Seitliche Einschnitte mit Tüll unterlegt und zwei Ringen auf jeder Seite verziert. Fotos: Nachlass Friedrichs.

die immer schwingende Röcke ausweisen, das Bild. Ergänzt wurden sie von kurzen Dinnerkleidern, bei denen mathematisch exakt ausgeführte Perlstickereien die schrägen Schnitteffekte unterstrichen. Schräge Schnitte prägten auch die Kostüme, Leinenkleider, kleinen Dinnerroben, Tagesensembles sowie die großen Abendkleider der Saison. Enge Röcke und taillenlose Shifts waren passé.[87]

Zum Winter 1966 wählte Hanns Friedrichs einen ganz neuen Auftritt für seine Modelle, sie zeigten deutliche Anleihen an den bereits erwähnten Couturier André Courrège, der seit Beginn der 1960er Jahre gemeinsam mit Pierre Cardin und Paco Rabanne der französischen Mode eine vollständig neue Gestalt und Erscheinung gegeben hatte.[88] Die Linien waren klar, gerade, geometrisch, ergänzt um Caro-, Würfel- oder Schachbrettmuster. Der Schnitt zeigte Trenchcoateffekte, Raglanärmel, hohe Roll- und Kelchkragen und super kniefreie Röcke. Neben Blau, Rot, Grün und Braun in ungebrochenen Tönen waren die Modelle von hartem Heliotrop, Lavendel und Pfefferminz bestimmt. Kleine schwarze Abendkleider zeigten sich in betonter Schlichtheit, um als Schmuckkleider kostbaren Schmuck besonders zur Geltung zu bringen. Bei den Abendroben hatte sich die strenge Geometrie noch nicht durchgesetzt. Aber auch hier prägte der „Out-Fit-Ansatz" das Bild. Alle Teile, von den Schuhen über den Abendmantel bis zu den Handschuhen, waren passend aus dem Material des jeweiligen Kleides gefertigt.

1967, zeitgleich mit seinen deutschen Kollegen Oestergaard und Richter, gehörten auch bei Hanns Friedrichs Minirock und bunte Strümpfe zur Frühjahrskollektion. Diese war in

[85] WP, 4. März 1964.
[86] WP, 10. September 1964.
[87] WP, 3. März 1965.
[88] WP, 8. September 1966.

besonderem Maße von sportlichen Hosenröcken geprägt. Vielen seiner 70 Modelle gab Friedrichs bei dieser Kollektion eine orientalische Note. Er wählte damit einen bewussten Kontrapunkt zu den damals aktuellen technikbezogenen Entwürfen von Courrège und Rabanne.[89] Für den Abend zeigte er erneut lange Chiffon-Kleider in Türkis-Silber mit schimmerndem Perlenschmuck und kunstvollen Stickereien. Zu Blau und Türkis kamen in dieser Saison Maisgelb und Lindgrün als Abendfarben hinzu.

Bei der Präsentation der Winterkollektion 1967 ließ Hanns Friedrichs bei den Rocklängen endgültig alles offen, von Mini bis wadenlang, alles wurde gezeigt.[90] Für die Gestaltung der Kollektion wählte er einen kreativen Mix aus Silhouetten der Dreißigerjahre, spanischer Folklore, russischem Schiwagostil, viel Metall an riesigen Schnallen, Kettenverschlüssen und Knöpfen sowie großzügig verwendetem Pelz und Leder. Ergänzt wurde dieser Mix um derbe Stoffe wie Tweed sowie klirrende Ketten anstelle von Gürteln. Einer Vielzahl von Hosenröcken stellte er sein Modell „Femme fatal", ein kurzes schwarzes Crêpe-Kleid mit Weißfuchsbesatz, gegenüber. Damit nicht genug bildeten eine Reihe von „Satin-Motorradjacken" die Ergänzung zum „Kleinen Schwarzen". Die Cocktailkleider der Kollektion wiesen raffinierte „Guckfenster-Pailletten" auf, oder waren in der Taillengegend oder am tiefsten Punkt des Rückenausschnitts strassverziert. Schließlich durfte ein Abenddress in „Shockingpink", bei dem eine lange Glockenhose mit einem Paillettenpulli kombiniert wurde, nicht fehlen.

Im Frühjahr 1968 erregte Hanns Friedrichs Aufsehen mit Borten benähten durchsichtigen Regenmänteln, unter denen schwarz-weiße Bermudaanzüge präsentiert wurden.[91] Die streng maskulin geschnittenen Damenkostüme zeigten zeittypische schwingende Hosenbeine. Die Tageskleider wurden als Tupfenkleider präsentiert. Besonderes Interesse fand ein nachtblauer Wollmantel, dessen Noppen aus kleinen Goldplättchen bestanden. Überhaupt hatten Silber- und Goldprägungen an Fransen und Borten Perlen und Strasssteine in dieser Kollektion weitgehend verdrängt. Bei den Farben zeigten sich viele Marine-Weiß- und Blau-Gold-Kombinationen.

Zurückhaltende Sachlichkeit im Entwurf kombinierte Hanns Friedrichs 1969 mit einer Unzahl an bunten Schleifen, Schnallen, Knöpfen, Gürteln, Blüten, Perlen, ovalen Muscheln, Steinen, matten Pailletten und gleißenden Spiegelscherben, die er für seine Frühjahrskollektion aus Paris mitgebracht hatte.[92] Bei seiner Schnitttechnik zeigte er mit Faltendrappierungen in weich fallenden Röcken, asymmetrischen Steppnähten oder überraschenden Kragenlösungen neue Ideen. Ebenso neu waren die strengen Herrenjacken, die in bunten Seidenstoffen über unifarbenen kleinen Kleidern präsentiert wurden. Gleichermaßen überraschte die ärmellose Jacke über dem langärmeligen Kleid bei Verwendung desselben Glencheckmusters. Für den Abend bot er neben langen Kleidern auch Hosenanzüge mit neuartiger Spiegelscherbenstickerei an. Besonderen Eindruck hinterließ eine Türkisrobe aus Lackleder.

1970er Jahre – jeder soll tragen, was zu ihm passt

Die 1970er Jahre brachten eine stilistische Vielfalt, die sich am deutlichsten in der Beliebigkeit der Rocklängen von Mini über Midi zum Maxi widerspiegelte. Die Abkehr von den futuristischen Entwürfen der 1960er Jahre kam Schulze-Varell entgegen. Mit dem Aufkommen des Midi erlebte das modische Leitbild der „Lady" eine Renaissance. Schulze-Varell zeigte wieder damenhafte, elegante Mode. Bei der Abendmode mischte er Elemente verschiedenen stilistischen Ursprungs. Folkloristische Formen werden mit an Pop-Art erinnernde stilisierten Blüten kombiniert. Zum Ende der 1970er Jahre präsentierte er eine feminine Linie, die sich noch intensiver mit dem Stil der 1930er Jahre auseinandersetzte.[93]

Uli Richter bot zu Beginn der 1970er Jahre bei den Abendkleidern bequeme Formen und lässig-informelle Entwürfe. In den 1970er Jahren galt in der Mode das Motto „Erlaubt ist, was gefällt". Die Röcke bekommen Schwung und schräge Linien. Ab 1975/76 tendierte auch Uli Richter wieder zum schlanken, schmalen Bild. Zum Herbst/Winter 1978/79 zeigte er strenge Silhouetten mit geraden Röcken sowie leicht betonten Schultern. Die Schultern wurden 1979 noch breiter, bei gleichzeitig betonter Taille. Die Röcke wurden gerader und kürzer, ergänzend präsentierte er Kostüme mit eng taillierten Jacken und gerundeten Kanten. Seine Abendkleider zeigten tiefe Dekolletés. Hinzu kamen neue Rocksilhouetten wie Tüten- oder schräge

1972 wird die neue Kollektion zum Motto „Temps du Sport" vorgestellt. Reisekleider in modernen Farbstellungen und lange Abendkleider aus Seide sowie ein mit Kupferpailletten besticktes Goergettekleid erregen Aufmerksamkeit. 1972. Quelle: Keystone Press / Alamy Stock Foto.

[89] WP, 2. März 1967.
[90] WP, 8. September 1967.
[91] WP, 8. März 1968.
[92] WP, 8. März 1969.
[93] Auer, 1993, S. 165–170.

In den 1970er Jahren ist der Folklorestil wieder modern. Lange bestickte leichte Kleider mit Blütenstickereien und weiten Ärmeln werden vom Publikum begeistert aufgenommen. Foto: Titsche-Friedrichs, Düsseldorf.

Kaskadenröcke.[94] Im August 1970 attestierte die Hasper-Zeitung[95] Hanns Friedrichs, dass aus dem früheren Moderevoluzzer ein progressiv-liberaler Modedemokrat geworden sei. Dieser bekannte, mit den Auseinandersetzungen an der „Mini-Maxi-Front" nichts zu tun haben zu wollen, jede Frau solle sich kleiden, wie es ihr gefällt. Wem die Maxi-Mode nicht gefalle, solle doch „um Himmels willen" weiter seinen Mini tragen. Wörtlich ergänzte er: „Wir haben doch Probleme genug. Warum sollen wir ausgerechnet in der Mode, in der doch jeder seine demokratische Gesinnung beweisen könnte, zu Diktatoren werden?" Hinsichtlich der Haltung der Frauen beklagte er, diese hätten offensichtlich Angst vor der Individualität. Seine Kundinnen konnte er damit jedoch nicht meinen. Auf die Nachfrage, ob er bei seinem Besuch in Paris, von dem er vor wenigen Tagen zurückgekehrt war, von Dior und Cardin neue Impulse für seine eigene Tätigkeit erhalten habe, ließ er sich nicht ein und erklärte: „Es war einfach eine Bestätigung meiner eigenen Ideen. Es musste ja etwas Neues kommen. Schließlich war ein Punkt erreicht, der die absolute Grenze gesetzt hatte. Die neue Linie lag förmlich in der Luft." Zu dem Ansatz für die Gestaltung seiner eigenen Kollektionen, für deren Vorbereitung er ständig zwischen Paris, Wien, Rom, Berlin, Hamburg und vor allem Düsseldorf umherreist, um das jeweils aktuellste aus den internationalen Modezentren zu beobachten, führte er aus: „Für die Arbeit eines Modeschöpfers ist ein internationales Publikum einfach unumgänglich. Vor zehn und fünfzehn Jahren, als es darum ging, mir einen Namen zu schaffen, waren meine Schöpfungen revolutionär. Da machte es auch Spaß, in Hagen und für die

Drei Tweedkleider mit gelben, grünen und lilafarbenen Leder-Blousons. Knapp über dem Rocksaum, der das Knie umspielt, sind kleine Elefanten, Giraffen und Kolibris appliziert. Das weitere Foto zeigt ein elegant wirkendes helles, einfarbiges Wollkostüm mit einem Gürtel, der mit einer riesigen handgetriebenen Schnalle geschlossen wird. Die Bluse ist mit einem HF-Monogramm versehen. 1971. Fotos: Schwalm.

Hagener Frauen zu arbeiten. Doch heute sieht die Sache wesentlich anders aus. Die Jugend unterscheidet sich in den verschiedenen Städten überhaupt nicht mehr. Und für meinen heutigen Kundenstamm in Hagen kann ich keine besonders ausgefallene und progressive Mode machen. Darum bin ich froh, heute international tätig zu sein, denn mein Anliegen ist nicht, Mode zu machen, sondern Frauen schön zu machen." In der neuen Herbst-Winter-Kollektion sorgen flotte Schnitte und prächtige Farben mit den unvermeidlichen Accessoires dafür, dass sie trotz ihrer Länge durchaus jugendlich erscheint. Der „Russen-Look", der bereits in der vorangegangenen Wintersaison gezeigt wurde, findet seine Fortsetzung, der Folklorestil feiert ein Comeback. Hinzu kommen Kleid-Mantel-Kombinationen, bestehend aus identischen Farben und weitgehend gleichem Schnitt, die sich lediglich bei den Materialien unterscheiden.

Ladylike, anmutig und natürlich, so sah Hanns Friedrichs in seiner Frühjahrsschau 1971 im Düsseldorfer InterContinental die moderne Frau. Die Mode dieser Schau, die Friedrichs mit 70 Modellen präsentierte, war vielseitig, tragbar, aber kannte keine Kompromisse, wenn es um die Rocklängen ging. Wadenlang mussten die Röcke 1971 bei Hanns Friedrichs sein. Für die verbliebenen Freunde des Sechzigerjahre-Minirocks machte er ein Zugeständnis, viele Kleider und Röcke der Kollektion waren hoch geschlitzt. „In" waren 1971 nach Auffassung des Modeschöpfers allerdings Hotpants. Mit seinem Modell „Pop" präsentierte er sogar ein pailletten- und spitzenverziertes Brautkleid mit Hotpants. Auch ein Terrassenkleid aus Organza kombinierte er mit Hotpants, dazu dicksohlige, hoch geschnürte Römersandalen. Für die Abendmode setzte er großzügig kostbare Stoffe ein, ließ tausende bunter Blumen auf zartem Organza erblühen. Auffällig ein schwarzes Chiffon-Kleid mit einem gestickten Papagei an der Schulter, oder ein mit Kupferpailletten besticktes Georgettekleid, ergänzt um kupferschimmernde Hotpants. Schließlich ein goldlederner Abendanzug mit reicher Stickerei an den Ärmeln.[96]

In der Winterschau desselben Jahres zeigte Hanns Friedrichs pelzverbrämte Hosenanzüge. Daneben präsentierte er Kostüme mit Leder- oder Pelzbesatz, Kleider mit Jacken, die wie Kostüme wirkten, klassischen Tweed und Blazer. Die schmalen Kleider wirkten mit ihrer Schlichtheit unerhört elegant, bestimmt wurden sie durch Knöpfe, Steppnähte und Gürtel mit riesigen handgetriebenen Schnallen. Besondere Aufmerksamkeit fand ein Ensemble aus drei Tweedkleidern mit gelben, grünen und lilafarbenen Leder-Blousons. Knapp über dem Rocksaum, der wie schon im Frühjahr die Knie umspielte, hatte Friedrichs kleine lederne Elefanten, Giraffen und Kolibris appliziert. Bei den Modellen für den Abend stach ein schwarzes Crêpe-Modell mit Perlenstickerei am Gürtel und an den Ärmeln hervor.[97]

1972 präsentierte Hanns Friedrichs in seiner Frühjahrsschau zum langen Mantel aus Jersey ein reich besticktes langes Kleid. Das Kultivierte, Damenhafte dominierte die Linie des Jahres 1972. Extravaganzen waren erst auf den zweiten Blick auszumachen, gestickte Blumen an unerwarteten Stellen, Rückendekolletés mit raffinierten Trägern, kapriziöse Falten und Fältchen und fein ausgetüftelte Schnitte und Nähte. Die schmalen Taillen wurden durch ausgestellte Falten- oder Glockenröcke und leichte Verbreiterungen an den Schultern betont. Die Röcke waren im oberen Drittel schlank, erst zum Knie hin wurden sie beschwingt. Kostüme wurden regelmäßig von reinseidenen bunten Hemdblusen ergänzt. Auch in dieser Kollektion waren wieder Hosenanzüge vertreten, die Weite der Hosen hatte sich allerdings sehr verändert, sie erinnerte nun an die von Marlene Dietrich in den Vierzigerjahren bevorzugten lässigen Herrenslacks. Neu waren auch einfache Hemdblusenkleider. Die schlichte Linie wurde von reizvollen Designs, Applikationen und Stickereien unterstrichen. Bei der Abendmode zeigte Hanns Friedrichs fernöstlich inspirierte einfache Schöpfungen aus Leinen, mexikanische Kaminkleider aus geometrisch gemustertem Seiden-Jersey, aus Batist und Baumwolle. Ebenso gehörte ein kariertes Abendkleid mit giftgrüner Lederjacke zur Kollektion. Auffallend schlicht war ein Ballkleid aus dottergelber Spitze. Shanaz nannte Friedrichs einen weißgoldenen Lederanzug. Auch drei Chiffon-Kleider in leuchtenden Designs, die an Paradiesgärten erinnerten, trugen persische Namen: Farah, Persepolis und Shiraz. Schließlich bot Hanns Friedrichs in dieser Kollektion blaue, aus fließendem Chiffon geschaffene, mit reichlich Pailletten und Spitze besetzte Abendkleider.[98]

„Tagsüber Dame – abends Vamp", dies schwebte Hanns Friedrichs für seine ideale Eva in der Winterkollektion 1972 vor.[99] Hosenanzüge aus Tweed mit Lederbesatz, gerade, mäßig weit, mit breitem Aufschlag. Die Reversjacken dazu sahen sehr weiblich aus. Als Tagesmode präsentierte Friedrichs Kleid-Mantel-Kombinationen in verwegenen Muster- und Farbstellungen. Für

Seidenkleider mit orientalischer Note waren in den 1970er Jahren ein Muss. Modellnamen wie Farah, Persepolis oder Shiraz ließen von fremden Urlaubsorten träumen. Fotos: Nachlass Friedrichs.

die großen Bälle hatte er diesmal strenge, schwarze Roben mit strassbestickten Rückendekolletés gestaltet. Die neuen Drapé-Kleider im Vamp-Look präsentierten sich als rückenfreie Abendkleider aus Pailletten. Ergänzt wurde die Kollektion durch kleine Seidenanzüge mit knappen Jacken und leuchtenden Musseline- oder Brokatblusen.

1972 kam es zur Kooperation mit der in Borghorst ansässigen Firma „Globetrotter". Friedrichs entwarf als Freizeitmode eine Rex-Gildo-Kollektion, die ihre Fortsetzung in Hemden und Blusen fand, für die das damals populäre Eisläuferpaar Marika Kilius und Hans-Jürgen Bäumler warben.[100] Der Ausflug in die industriell gefertigte Mode war nur von kurzer Dauer, zeugte aber davon, dass Hanns Friedrichs sich zwischenzeitlich in der Mode einen solchen Ruf geschaffen hatte, dass auch am Massenmarkt orientierte Unternehmen Interesse an seinen Entwürfen fanden. Modemarkt und -industrie trauten dem mittlerweile etablierten Modeschöpfer zu, ebenso wie beispielsweise Heinz Oestergaard oder Pierre Cardin mit seinen Entwürfen breite Zustimmung zu finden. Die Zusammenarbeit fand ihr Ende, weil es für den qualitätsorientierten Hanns Friedrichs keine Option war, seine Entwürfe an betriebswirtschaftlichen Vorgaben statt an der eigenen Kreativität auszurichten.

Multicolor, unter diesem Titel präsentierte Hanns Friedrichs seine Frühjahrskollektion 1973.[101] Auch diesmal arbeitete Friedrichs für die Modenschau mit Friseur Ulrich Junge, dem Hutsalon Steigleder und dem Pelzhaus Slupinski zusammen. Erneut bestimmten exquisite Materialien wie Seidenjersey, Wollspitze, hautweiches Wildleder, Chiffon und Chenille

---

96 WP, 13. März 1971.
97 WP, 11. September 1971.
98 WP, 11. März 1972.
99 WP, 16. September 1972.
100 Friedrichs, S. 65.
101 WP, 19. März 1973.

Hanns Friedrichs präsentierte Abendkleider aus bauschigem Chiffon, die an den Film „Vom Winde verweht" erinnerten. 1974. Fotos: Nachlass Friedrichs.

neben liebevollen Details wie schräg oder asymmetrisch eingesetzten Blenden die Entwürfe. Auch Hosenanzüge aus einer Kombination aus Nappa- und Wildleder mit gemusterten Blusen, deren Muster sich auch in Faltenröcken wiederfanden, gehörten zur Frühjahrskollektion 1973. Schwarz, Weiß und Lila, letzteres aber fast nur in der Kombination mit Silber, waren die bestimmenden Farben der Winterkollektion 1973.[102] Die Röcke umspielten noch immer das Knie. Neu waren Tweedkombinationen mit hüftumspielenden Noppenjacken, die mit zarten Seidenblusen kombiniert edel und distinguiert wirkten. Besondere Aufmerksamkeit erzielte ein Abendkleid, das die „weiblichen Reize" nur spärlich mit zarten Perlenschnüren bedeckte. Als Tagesmode gehörten Jeansanzüge zur Kollektion. Für die Abendkleider konnte erneut nicht genug Chiffon und Spitze verwendet werden.

Nostalgie war das Thema der Frühjahrskollektion 1974, die diesmal im Düsseldorfer Park-Hotel gezeigt wurde.[103] Die auffallend vielen langärmeligen Hemdblusenkleider, hoch geschlossen, oder mit seltsamen Kelchkragen versehen, wie sie um 1950 modern waren, fanden keinen Anklang. Die Hohlsaumverzierungen, strengen Revers-Jacken und wadenlangen Röcke mit tief angesetzten Flatterfalten präsentierten ein eher strenges Modebild. Vergangenes zitierten auch die Abendkleider, als vom Winde verwehte, bauschige Chiffon-Träume. Am besten gefiel eine schwarze Robe mit weißem Tupfen, deren unzählige bunte Blumen am Saum handgestickt waren. Auch ein mit Margueriten übersätes Kleid überzeugte das Publikum. Die Präsentation der Herbst- und Winterkollektion 1974 löste beim Publikum Begeisterung in einem bisher noch nie dagewesenen Umfang

Elegante weiße Seidenkleider, knieumspielend mit schönen taillenbetonten gleichfarbigen Gürteln begeisterten zu Ende der 1970er Jahre die Kundinnen. Fotos: Nachlass Friedrichs.

aus.[104] Besondere Aufmerksamkeit fanden in dieser Winterkollektion ein „kleines Schwarzes", bei dem das Rückendekolleté fast bis zum Po reichte, und ein goldfarbener grobmaschiger Häkelpulli, der wenig verbarg. Im Weiteren zeigte Hanns Friedrichs ein wadenlanges Mohair-Cape, ein engtailliertes Abendkleid aus Brokat, einen samtigen Nicky-Set und einen Trenchcoat aus Schlangenleder. Ebenso auffällig waren die bodenlangen, bauschigen Lackmäntel, die Friedrichs für den besonderen Auftritt entworfen hatte. Der ebenfalls präsentierte schneeweiße Straußenfedermantel nebst pinkfarbenem Chiffon-Kleid war als Theaterkostüm gedacht.

1975 präsentierte Hanns Friedrichs seine Frühjahrskollektion unter dem Thema „Stars and Stripes".[105] Herausragend eine Abendrobe mit gewebtem Spinnennetz am Rücken. Die Tagesmode präsentierte sich mit schwingenden ein- und zweiteiligen, knie- bis wadenlangen Kleidern, Blouson-Kostümen, Seiden- und leichten Wollkleider sowie zahlreichen Überwürfen, die an Ponchos erinnern.

1977 lud die „Welt am Sonntag"[106] Hanns Friedrichs ein, zur IGEDO, der seit 1949 veranstalteten Modemesse in Düsseldorf, Modetipps zu geben. Friedrichs stellte fest: „Was heute den Frauen geboten wird, hat es noch nie gegeben. Die Zeiten der Diktatur sind vorbei, niemand steht mehr neben der Mode, wenn er seinen eigenen Stil pflegt."

„Jeder soll tragen, was zu ihm passt" war auch das Credo von Hanns Friedrichs im Interview mit der WZ[107] im Jahr 1978. Friedrichs berichtete, dass seine Kollektionen schon fast feststehen, wenn er die großen Modenschauen in New York und Paris besucht. Zweimal jährlich

[102] WP, 15. September 1973.
[103] WP, 9. März 1974.
[104] WP, 14. September 1974.
[105] WP, 22. März 1975.
[106] Welt am Sonntag, 24. April 1977.
[107] WZ, 25. März 1978.

sucht er sich, inspiriert von Musik, Museen, Filmen und Gesprächen eine Grundidee : „40 % Grundidee, 20 % Einstellung auf den Stoff, und die restlichen 40 % werden dann oft zum Damoklesschwert: Jetzt lass dir etwas einfallen …", beschreibt er weiter: „Ich bin überrascht, dass ich überhaupt noch da bin und dass auch die Jugend zu mir kommt, denn ich dachte immer, dass ich mit meinen Kundinnen alt werde", äußerte Friedrichs im Interview. Diese Befürchtungen prägen seine Entwürfe in den Fünfziger- und Sechzigerjahren, als er sich ernsthaft und fast ausschließlich mit dem Modemachen beschäftigte. Thema der Frühjahrskollektion 1978 war „Ferien und mehr". Die Kollektion bestand aus Kleidern und Kostümen mit weiten Ärmeln und Oberweiten bei schmalen Taillen, enganliegenden Westen und T-Shirts als Kontrapunkten zu den fülligen und beschwingten Röcken und weiten Hosen. Das Ganze in Uni-Farben oder mit Motiven alter Bilder bedruckt.

Im selben Jahr feierte er mit einer modischen 50-Jahre-Parade seinen 50. Geburtstag in den Düsseldorfer Rheinterrassen. Aus seinen Entwürfen für unzählige Theaterstücke, Musicals und Filme stellte er unter Mitwirkung seiner Lieblings-Mannequins, prominenter Schauspielerinnen und langjähriger Kundinnen eine unterhaltsame Revue zusammen. Hans-Joachim Kulenkampff, der zu dieser Zeit in Düsseldorf Theater spielte, gratulierte Hanns Friedrichs und überreichte ihm einen goldenen Fingerhut.

Über lange Jahre wurde Hanns Friedrichs von seiner Mutter, die trotz fortgeschrittenen Alters immer noch zahlreiche Modelle selbst bestickte, unterstützt, so auch in der Frühjahrskollektion 1979.[108] Zur Kollektion gehörten besticktes Leder oder papierdünne Schlangenlederjacken. Die Hutentwürfe stammten wieder von der Hutschöpferin Friedel Stauber-Stendel aus München.

Luftige Sommerkleider in Crêpe de Chine, blau und grün gemustert. Das zweiteilige blaue Kleid ist mit Rock und Bluse sowie einem breiten Plisseekragen versehen. Das weit geschnittene grüne Kleid hat Manschettenärmel. Ende 1970er Jahre. Foto: Nachlass Friedrichs.

Regenmäntel waren ein fester Bestandteil der Kollektionen von Hanns Friedrichs. In den 1970er Jahren gestaltete er doppelreihige Regenmäntel im Trenchcoatstil mit Bindegürtel und Schnallen am Ärmel aus Lederimitat in Grau und Dunkelrot. Das Gewebe hatte eine zeittypische Lackbeschichtung. Ende 1970er Jahre. Foto: Nachlass Friedrichs.

1980er Jahre – dezente Eleganz, Pailletten und Perlen

Wichtigste Grundlage der Entwürfe von Hanns Friedrichs waren stets, mit Ausnahme der von kreativer Improvisation geprägten kargen Nachkriegsjahre, hochwertige Stoffe und Dekormaterialien wie Pailletten, Strass oder Spitzen. In den 1980er Jahren ergab sich für den Modeschöpfer der Kontakt zu einem der besten und innovativsten Stoffhersteller seiner Zeit. Hanns Friedrichs lernte Anfang der 1980er Jahre Andy Stutz, der seit 1980 Inhaber des Seidenhauses Fabric Frontline in Zürich war, kennen. Fabric Frontline bot hochwertige Seidenstoffe, deren Dekors in aufwändigen handwerklichen Siebdruckverfahren in Italien gestaltet und gefertigt wurden[109]. Zu den damaligen Kunden von Fabric Frontline gehörten

Auch in den 1980er Jahren beweist Hanns Friedrichs sein Talent für unkonventionelle Aufnahmen. Umringt von Mannequins wird eine zufällig vorbeigehende Ordensschwester Teil des Modefotos. Lange Satinröcke und über den Rock gehende Jacken mit unterschiedlichen Ausschnitten, bestickt oder mit Swarovski-Steinen verziert, sind in diesen Jahren aktuell. Foto: Manfred Sobottka, Meerbusch.

[108] Rheinische Post, 31. März 1979.   [109] Friedrichs, S. 83.

Jacquard-Seidenstoffe mit HF-Monogramm, gefertigt von der Firma Fabric Frontline aus Zürich. Daneben ein aus Stoffen von Fabric Frontline gefertigtes Modell aus der Modenschau „Holiday". 1997. Foto: Nachlass Friedrichs.

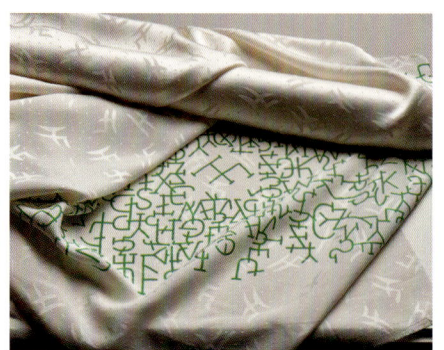

unter anderem ebenso Vivian Westwood (*1941) und Christian Lacroix (*1951). Für einen so individualistischen Modeschöpfer wie Hanns Friedrichs wurde Fabric Frontline zum idealen Partner für seine Couture. Andy Stutz gab Hanns Friedrichs nunmehr die Möglichkeit, für seine Mode nicht nur auf ganz eigene Schnitte, sondern auch auf von ihm entworfene und von Fabric Frontline produzierte Stoffe zurückzugreifen.

Fabric Frontline fertigte für Friedrichs unter anderem Seidenstoffe mit dem Monogramm HF. Diese Stoffe bildeten auch die Grundlage für die Zusammenarbeit zwischen Hanns Friedrichs und dem französischen Künstler Thierry Noir (*1958). Friedrichs hatte Noir, der 1984 als Streetartkünstler begonnen hatte, die Westseite der Berliner Mauer mit seinen großformatigen Köpfen zu bemalen, bei einem seiner zahlreichen Berlinbesuche in einer Kneipe kennengelernt. Noir, der von den Motiven seiner Streetart unter anderem Postkarten fertigte, einigte sich mit dem Modeschöpfer darauf, dass dieser seine Streetart auf Seidenstoffe übertragen durfte. Die Übertragung der Streetartmotive auf den Stoff übernahm Andy Stutz in der von Fabric Frontline in Italien betriebenen Siebdruckwerkstatt. So gelang es Hanns Friedrichs noch vor Eröffnung der Berliner East Side Gallery 1990 die vergängliche Kunst des Thierry Noir in seiner Mode[110] zu verewigen. Andy Stutz verkaufte im Jahr 2012 sein innovatives Unternehmen an einen alteingesessenen Schweizer Textilkonzern, der sich im Jahr 2022 aufgrund der veränderten Nachfrage und Struktur in der Mode entschied, den Betrieb von Fabric Frontline im laufenden Jahr einzustellen.[111] Ein weiterer Bezug zur

Drei Modelle die beispielhaft die Verwendung hochwertiger Stoffe in den Kollektionen von Hanns Friedrichs zeigen. Weißes Abendkleid aus Tüllspitze mit applizierten Blättern. Oberteil mit U-Bootkragen und tiefen Armlöchern mit eingesetzten Kräuselärmeln. Zur Verbreiterung der Schultern wurden diese mit Steiftüll unterpolstert. Die Taille wurde durch einen breiten, drapierten und bestickten Gürtel betont. Hinterer Überrock mit großer Schleife. Das weitere Modell ist ein schwarzes, langes, asymmetrisches Crêpe-Couture-Kleid. Es zeigt seitlichen bestickten Tülleinsatz und Schmetterlingsapplikationen, wobei dieselben Applikationen ebenfalls am Steg auslaufen. Das dritte Modell: Bluse mit Pololeiste und Fledermausärmeln sowie einem Rock aus Tüllspitze mit losen Lackblüten in Weiß und eingeschlagenem Taftvolant. Typisch für die Zeit ein breites Ärmelbündchen mit Gummizug. 1986. Fotos: Nachlass Friedrichs.

Zwei Modeskizzen von Hanns Friedrichs zur Modenschau „Etoiles d´Hiver", Winter 1987. Skizze eines grün-weiß-roten Jerseykleids, asymmetrisch gerafft. Weitere Skizze zu einem grün-weiß-roten Jersey-Blousonkleid. Die Abbildung zeigt das ausgeführte Blousonkleid. Skizzen und Foto: Nachlass Friedrichs.

bildenden Kunst ergab sich für Hanns Friedrichs 1985 durch die Zusammenarbeit mit dem Düsseldorfer Herrenausstatter und Kunstsammler Dolf Selbach (1929–2010), für den er eine Kollektion mit Roy-Lichtenstein-Motiven entwarf.

Viele der Modelle von Hanns Friedrichs sind von üppiger Stickerei geprägt. Friedrichs arbeitete dabei unter anderem mit der in St. Gallen ansässigen Firma Forster Rohner zusammen, zu deren Kunden seit den 1940er Jahren unter anderem Christian Dior und Cristobal Balenciaga (1895–1972) gehörten. Zu den regelmäßigen Lieferanten des Modeschöpfers gehörten Bernd Brix – Haute-Couture-Stoffe –, Aston Alta Moda, Cadena, Gratacos, Rafael Matías[112] und Jakob Schlaepfer; zusätzlich bezog Friedrichs hochwertige Stoffe von Ungaro und Valentino. Darüber hinaus besuchte Hanns Friedrichs zur Vorbereitung der neuen Kollektionen regelmäßig Messen wie z. B. die Interstoff oder Ideacomo. In den 1980er Jahren kosteten die von Hanns Friedrichs gerne verwendeten Stickereistoffe teilweise bis zu 3.000 D-Mark für den laufenden Meter. Da war es nicht verwunderlich, wenn sich die Kosten einer einzelnen Modenschau schnell auf einen Betrag von bis zu 500.000 D-Mark beliefen. Beträge, die immer wieder verdient werden mussten. Einer der Gründe, weshalb der Modeschöpfer den freundlichen Applaus bei den Schauen stets mit dem Bonmot „Geklatscht ist noch nicht gekauft" kommentierte.

„Crociera sul mare" unter diesem Titel präsentierte Hanns Friedrichs 1981 im Hotel InterContinental unter anderem Nappalederkostüme mit Goldapplikation und Wildseidenanzüge mit geschlitzten Hosen. Auch Pünktchen-

und Streifenkleider mit Bubikragen, breiten Passen und schwingenden Faltenröcken, unter denen bestickte Rüschen eines Petticoats aufblitzten, gehörten zur Kollektion.[113]

Blau-weiße Reisekostüme, aber auch Lederkostüme und Anzüge im Jeanslook bestimmten die Frühjahrskollektion 1984, die unter dem Titel „A day at the Plaza" präsentiert wurde. Als aktuelle Mode zeigte Hanns Friedrichs Leinen, Indien- und Sahara-Look. Für den Abend präsentierte er wadenlange, schwarze Kleider, inspiriert vom Musical „La cage aux folles".

Frisch, feminin und manchmal sogar sinnlich, aufreizend, sexy, so wurden die Modelle der Frühjahrskollektion 1985 beschrieben.[114] Besondere Aufmerksamkeit fand ein legerer Etagenlook, bei dem leichte Mäntel über Jacken und Spenzers, über Bolero und Westen geworfen wurden. Herrenhemdformen wurden über T-Shirts, Blusen, Pullis und Hemden getragen. Lang über kurz hieß die aktuelle Devise. Längere Jacken wurden mit kurzen Röcken, Kleidern oder raffinierten Shorts kombiniert. Starke Farbigkeit prägte die Kollektion, sie zeigte Neontöne, fluoreszierende Töne, feurige Farben, Farben in Kombination mit Schwarz oder Weiß, teils auch Grau. Auffällig auch grafische Drucke, die gemäldeartige Motive oder riesige Blumenmuster, geometrische Formen, Graffiti oder Cartoons zeigten. 1987 formulierte Hanns Friedrichs anlässlich der Präsentation der Frühjahrs- und Sommerkollektion „Stop the world": „Meine Kollektionen sind ein luxuriöser Beitrag zum Umweltschutz. Qualität hat zwar ihren Preis, doch man hat etwas davon. Hafris Kleidung ist beständig, man kann sie Jahre später noch tragen und ist immer aktuell angezogen." Die neue Kollektion

---

112 Einer der traditionsreichsten baskischen Stoffhändler und -produzenten, mit dem noch heute junge Modeschöpfer, wie z. B. Alberto Etxebarrieta für das von ihm vor 20 Jahren gegründete Label Sinpatron, Bilbao, zusammenarbeiten.

113 WP, 7. März 1981.

114 WP, 20. April 1985.

lebte von Kontrasten, schwingende Volants traten der strengen Linie des City-Looks gegenüber. Die Stoffe zeigten Pepita, Glencheck und einen Mustermix aus Punkten und Streifen. „Die Silhouette wird schmaler, doch die Kundin ist nicht mehr bereit, sich einzuengen, kürzere Röcke, längere Jacken – ein Bild wie Anfang der Fünfzigerjahre, dazu Riesenhüte", so kommentierte Friedrichs seine neue Kollektion. Für die Abendmode bot Hanns Friedrichs nicht nur dezente Eleganz, sondern üppige Gemälde aus Pailletten und Perlen. Lässige Jeansmodelle wurden, mit Stickerei versehen, zur Luxusmode. Friedrichs legte bei dieser Kollektion Wert darauf, nur Seide, Wolle, Baumwolle und Leder zu verarbeiten. Sogar für die Knöpfe wählte er Holz oder Steinnuss.

Anlässlich seines 60. Geburtstags schenkte Friedrichs der Stadt Düsseldorf für die damals geplante Modeabteilung im Stadtmuseum Modelle aus den vergangenen Jahren. Stolz konnte er berichten, dass sich sein Haus zum größten Couturebetrieb seiner Art in der Bundesrepublik entwickelt hatte. Seine Modephilosophie beschrieb er so: „Wir ziehen jede Frau nach ihrer Mentalität an. Individuelle Modewünsche können wir realisieren und wir können auch unsere Fehler leichter auffangen, weil wir unsere Endverbraucherin genau kennen, im Gegensatz zu anderen, die anonyme Kollektionen erarbeiten." Friedrichs, den die Branche auch respektvoll als „nicht fassbaren Paradiesvogel" bezeichnete, verfügte über die Fähigkeit, mit sicherem Gespür auf Eigenheiten und modische Bedürfnisse seiner Kundinnen individuell einzugehen. Er zeigte dabei ein untrügliches Gefühl für das, was kommt und das, was praktisch umsetzbar ist in der Mode.

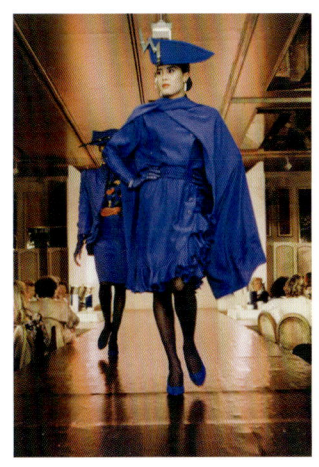

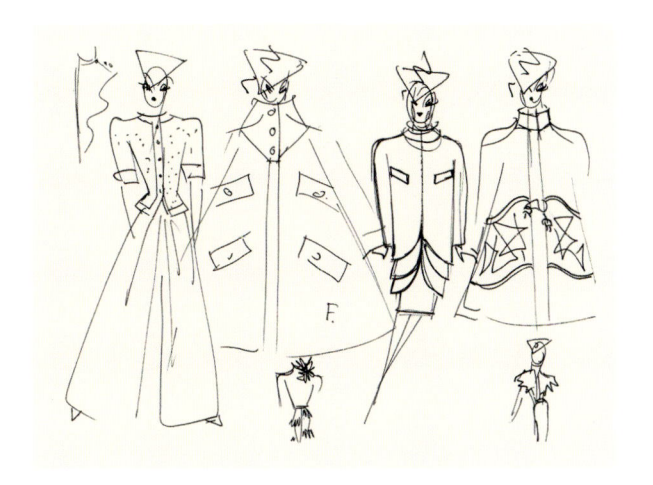

Modeskizzen und ausgeführte Modelle zur Modenschau „Electric", Winter 1988. Exemplarisch schwarz-rot kariertes Stäbchenpaillettenkleid, rot-schwarzes Jerseykleid, rot-schwarzes Flanell-Samt-Kostüm mit Samtwellenapplikationen, zusätzlich die „Blauen Modelle" wie z. B. blaues Seidenrips-Kleid mit Plisseeüberrock und blauer Schlangenlederjacke, blaues Cloqué-Kleid mit blauem Cape. 1988. Skizzen und Fotos: Nachlass Friedrichs.

Hierin sah er sein Erfolgsgeheimnis, „sonst stünde ich nicht allein auf weiter Flur."

„München und Berlin hat es, Düsseldorf bekommt es jetzt: ein Museum, das sich der Mode widmet." So optimistisch berichtet die Rheinische Post[115] anlässlich des 60. Geburtstags von Hanns Friedrichs, der 15 Modelle aus seinem Fundus an Museumschef Dr. Wieland Koenig übergab. Den Auftakt für den neuen Schwerpunkt bildete die Ausstellung „40 Jahre Mode in Düsseldorf – Hanns Friedrichs zum 60. Geburtstag". Schnell sprach sich die Initiative von Hanns Friedrichs in der Düsseldorfer Modeszene herum. Beatrice Hympendahl, Uta Rasch, Ursula Conzen, Tristano Onofri, Toni Gard, Lore Lang und Brigitte Heiner stellten ebenfalls Modelle zur Verfügung.

Eine große Zahl weiterer aktueller Modelle aus dem Atelier Hanns Friedrichs erhielt das Stadtmuseum Düsseldorf als Schenkung einer langjährigen Kundin des Modeschöpfers; eine andere Kundin übergab frühe HF-Modelle an das LVR-Industriemuseum Textilfabrik Cromford in Ratingen.

Anlässlich seines Geburtstags sammelte Hanns Friedrichs beim Galaempfang im Schlösschen des Regierungspräsidenten 37.000 D-Mark als Spenden für die AIDS-Station der Düsseldorfer Universitätsklinik. In Gegenwart von Beatrice Hympendahl, Uta Rasch, Tristano Onofri sowie vieler weiterer Modedesigner aus der ganzen Bundesrepublik gratulierten Oberstadtdirektor und Oberbürgermeister dem Couturier.[116]

Das Modefachmagazin Textilmitteilungen[117] erinnerte anlässlich des 60. Geburtstags daran, dass Hanns Friedrichs bereits 1954 als 25-jähriger Meister als „Dior des Ruhrgebiets" und

[115] Rheinische Post, 4. Juni 1988.
[116] Rheinische Post, 6. Juni 1988.
[117] TM Textilmitteilungen, 1. Juni 1988, S. 24.

Hosenanzug bestehend aus kurzer Jacke und Hose aus blauem Wollkrepp. Die Jacke hat in der vorderen Mitte einen Reißverschluss und einen runden Ausschnitt. Schräge tief eingesetzte Ärmel. Vorne am Ärmel zwei goldene Knöpfe als Abschluss. Sechs Reißverschlüsse sind schräg als Schmuckelemente eingesetzt. Schlank geschnittene blaue Wollkrepphose mit schrägen Hosentaschen. Weiße Seidenbluse mit blauem HF-Monogramm.

Cocktailkleid in Schwarz aus Organza mit eingefassten Blättern aus Organza und Satin. Ausgestellter Rock. Oberteil mit dreifachen Glockenärmeln aus Organza, eingefasst mit Satin und Korsage mit Tülleinsatz.

„Deutschlands Modekronprinz" gefeiert wurde und nunmehr seine Kunden in der hochkarätigen Society, in Hollywood und den Öl-Emiraten zu finden sind. Im Gespräch mit dem Magazin freute sich Hanns Friedrichs, dass Kreativität alterslos sei: „Ich kann immer noch viel mehr entwerfen, als ich überhaupt brauche. Wobei auch Rückgriffe auf Formen und Schnitte früherer Jahre immer wieder neu aussehen müssen. Als bestes Beispiel dafür gilt Thierry Mugler, der im Hollywood der Sechzigerjahre schwelgt, aber das mit eigener Handschrift. Hier verbindet sich die Hemmungslosigkeit der jungen Generation mit der Leidenschaft für das Hollywood von gestern. Bei ihm sieht es neu-alt aus, bei anderen alt-alt." Hanns Friedrichs freute sich, seinen Geburtstag gemeinsam mit seiner allerersten Kundin, mittlerweile 88 Jahre alt, feiern zu können. „In ihrem Schlafzimmer begann meine Karriere", scherzte der Modeschöpfer. Dort hielt er bereits Ende der 1940er Jahre seine ersten Anproben ab.

Auf Watte gestepptes blaues Wildseidenkleid mit tief angesetztem Glockenrock. Als Kontrast helle, aufgesteppte, identische Bändchen am Rock und am Oberteil. Goldener Ledergürtel. 1986. Fotos: Nachlass Friedrichs.

Cremefarbiges Abendensemble in Crêpe-Couture. Doppelreihiger Paillettenblouson mit seitlichen Taschen und tiefausgeschnittenen Revers. Armabschluss und Blouson mit Gummizug. Rock mit Passe und eingelegten Falten.

1992 kam das von Hanns Friedrichs kreierte HF-Parfüm auf den Markt. Hierzu entstand ein passendes HF-Modell im gleichen Design. 1992. Foto: Foto-Studio A. Olligschläger, Köln.

1990er Jahre – Frauen von ihrer schönsten Seite zeigen

Die 1990er Jahre waren so erfolgreich, dass es Hanns Friedrichs 1992 wagte, ein eigenes Parfüm zu kreieren. Zu diesem Zweck orderte er Duftessenzen aus Monaco und verkaufte den von ihm kreierten Duft in einer ebenfalls selbst entworfenen, schwarz-grünen, geometrisch gestalteten Verpackung, unter anderem über die Parfümerie Schnitzler in Düsseldorf. Zur Einführung des Parfüms entwarf er 1992 in der Kollektion „Marche du Plaisir" ein Kleid, das in Farbe und Form dem Design des Parfüms entsprach.

Anlässlich des 65. Geburtstags im Jahr 1993 wurde herausgestellt, dass es Hanns Friedrichs mit seiner Mode immer wieder gelinge, Frauen von ihrer schönsten Seite zu zeigen, sie im besten Licht erstrahlen zu lassen. Glamour gehörte für Friedrichs unbedingt dazu, kaum eine seiner Kreationen verzichtete auf Pailletten oder aufwändige Stickereien. Seine Qualitäten hatten sich international herumgesprochen. Zum 1. Oktober 1993 wurde er von der Bolschoi-Stiftung nach Moskau eingeladen, um mit 24 Mannequins seine aktuellen Modelle zu präsentieren.[118]

1995 stand die 50. Modenschau, diesmal im Radisson SAS Hotel, an. Hanns Friedrichs bemerkte einen unaufhaltsamen Wandel der Zeit daran, dass „sich die Jungen heute nicht mehr zu Anlässen herausputzen," wie er

Skizze und ausgeführte Modelle zur Modenschau „Vive l'Europe", 1994. „Frankreich" nannte Friedrichs einen Doubleface-Kurzmantel mit blauer langer Hose und einen Fahnenblazer mit einer rot-weiß-gestreiften Bluse und ein blaues Doubleface-Kostüm und ein besticktes Fahnenkleid. 1994. Skizzen: Nachlass Friedrichs; Fotos: Foto-Studio A. Olligschläger, Köln.

118 WP, 19. Juni 1993.

Brautkleid mit Tüllschleppe und Tüllschleier, diesmal in einem mutigen Knallrot, das 1997 die Schau „Winter Symphony" abschloss. 1997. Skizze und Foto: Nachlass Friedrichs.

es kannte. Dennoch konnte er weiterhin auf einen großen Kundinnenkreis vertrauen, um „etwas zu schaffen, was eigentlich keiner braucht: seine Mode."[119] Im Folgejahr engagierte sich Hanns Friedrichs zum siebten Mal anlässlich des Chrysanthemen-Balls, der 120.000 D-Mark für Aidskranke einbrachte, im Radisson SAS Hotel. Unterstützt wurde er in seiner Moderation unter anderem von Heide Keller, die ein sechs Kilo schweres weißes Paillettenkleid, natürlich ein HF-Modell, trug.[120]

Als „Winter-Symphony" präsentierte Hanns Friedrichs 1997 seine Wintermodenschau.[121] Begeistert aufgenommen wurde in dieser Kollektion eine schenkellange bestickte Seidenjacke über einem roten ärmellosen Lederkleid. Luxuriöse Stickereien bestimmten auch viele der weiteren Modelle. Seine Abendmode, bodenlange, nachtschwarze Abendroben, war erneut von unzähligen Pailletten, Strass, durchsichtigem Chiffon, Perlenfedern und allen möglichen Metalleffekten bestimmt. Bei seinem hochgeschlossenen Perlen-Abendkleid nahm er Anleihen an die Zwanzigerjahre und ergänzte das Modell um Federhelm und Fächer. In der Farbe Rot fiel das Brautkleid diesmal aus der Reihe, auffällig auch die lange Schleppe und der Kopfputz aus Tüll; ebenso wie Hüte und Kopfputz im Übrigen von der Hagener Modistin Christine Gründer nach seinen Vorgaben gefertigt.

1999 erfolgte noch ein großer Auftritt beim „Großen Q" in Berlin. Hanns Friedrichs zeigte auf einem 1111 Meter langen Laufsteg entlang des Kurfürstendamms mit 15 Mannequins 15 aus Seide und Chiffon mit Pailletten gestaltete Roben aus seiner Millennium-Kollektion. Insgesamt präsentierten 50 Modeschöpfer

Skizzen und ausgeführte Modelle zur Modenschau „Winter Symphony", 1997. Schwarz war in diesem Jahr die Farbe für die Abendmode. Bodenlanges Abendkleid mit Perlenstickerei und ovalen Löchern mit einer Paillettenstola. Das weitere Modell ist ein kurzes schwarzes Paillettenbänderkleid mit einem dunklen Rockteil. 1997. Skizze und Foto: Nachlass Friedrichs.

119 Rheinische Post, 2. September 1995.   **120** Rheinische Post, 21. Oktober 1996.   **121** WP, 6. September 1997.

Hanns Friedrichs mit dem baskischen Modeschöpfer Paco Rabanne anlässlich der internationalen Modenschau „Großes Q" 1999 in Berlin. 1999. Foto: Nachlass Friedrichs.

vor über 50.000 Besuchern mehr als 1000 Kreationen aus Paris, Berlin, Moskau und Düsseldorf. Neben anderen traf Hanns Friedrichs anlässlich dieser Schau Rudolph Moshammer und Paco Rabanne.

Dann der Einschnitt: Hanns Friedrich entscheidet, am 31. Juli 1999 sein Atelier am Hagener Emilienplatz 9 zu schließen.[122] Die unter dem Motto „Kauf Dir einen bunten Luftballon" angesetzte Frühlingsmodenschau im Radisson SAS Hotel war die letzte große Modenschau, die Hanns Friedrichs für 1300 Besucherinnen mit extravaganter Mode gestaltete.[123] Wieder erfreute Hanns Friedrichs u. a. durch elegante Abendroben und opulenten Perlenbesatz sein Publikum. Besonderen Anklang fand ein royalblaues schulterfreies Kleid mit Überrock, aber auch ein Perlenoberteil zum hoch geschlitzten, mitternachtsblauen Moirérock mit knappen Shorts. Als Tagesmode präsentierte er klassische weiße Leinenkleider, raffiniert durchbrochene Röcke oder verführerische Fransen-Bustiers.

2000 – gone with the wind

Und doch ging es im neuen Jahrtausend weiter, wenn auch in anderem Rahmen. „Jeu de Couleur", unter diesem Motto zeigte Hanns Friedrichs im Jahr 2000 70 handgefertigte Modelle der aktuellen Frühjahrs- und Sommerkollektion im Hetjens-Museum. „Angesagt sind weite Röcke in sämtlichen Längen. Zudem zeige ich in dieser hutlosen Zeit ein paar amüsante Kopfideen!", erläuterte Hanns Friedrichs seine Ideen für die neue Saison. Erneut bestimmten Seide, Chiffon, Tüll und viel Federstickerei seine Modelle. Die Tagesmode war mit cremefarbenen, handbemalten Crêpe-Kostümen und schlichten grau-weißen Nadelstreifen-Anzügen, komplettiert mit sommerlichen Stickerei-Tops oder dezenten Tweed-Ponchos vertreten. Herausragend die Hochzeitsrobe aus weißer Spitze mit einer Verzierung aus 2500 Maiglöckchen. Einen weiteren Höhepunkt der Kollektion bildete ein Seidenkleid, dessen Ärmel von der Künstlerin Oda Walendy (*1942) bemalt worden waren.[124]

Ebenfalls im Hetjens-Museum wurde unter dem Titel „Voyage d´Hiver" die Winterkollektion 2001 gezeigt. Die folgende Frühjahrskollektion 2002 präsentierte Hanns Friedrichs im Stilwerk Düsseldorf, um in der Folge für die Winterkollektion „Metropole" mit 69 Modellen noch einmal in das Hetjens-Museum zurückzukehren. Im März 2002 zeigte Friedrichs seine 79 Modelle umfassende Frühjahrskollektion „Gone with the wind", um sich dann im September desselben Jahres im Atelier am Jürgensplatz 62 mit der Modenschau „Invitation", bei der 50 Modelle gezeigt wurden, endgültig von seinen Kundinnen und Anhängerinnen zu verabschieden.

„Es war die Idee, die meine Entwürfe ungewöhnlich machte. Nähen können viele Leute, schöne Stoffe kann man kaufen. Und wer eine Persönlichkeit hat, der hat auch eine Ausstrahlung, mit der ein normales Schneiderinnenkostüm gut aussieht. Einfache Dinge von einer tollen Frau getragen sind schön. Sie müssen nur so genäht sein, dass auch solche Kostüme toll aussehen. Das ist das Geheimnis der Haute Couture. Es sind nicht immer die lauten Perlen, es ist nicht immer der Strass. Es sind oft nur die Achselnaht, der Knopfabstand und die Rocklänge, die etwas zu einem Modell machen, das außergewöhnlich ist. Ich denke, das ist es, was ich mein Leben lang verstanden habe. Da war die Schlichtheit auf der einen Seite, aber auch das Übertriebene auf der anderen Seite – immer geschmackvoll und edel kombiniert", so das Resümee von Hanns Friedrichs zu seinen mehr als 50 Jahren als Modeschöpfer.[125]

Hanns Friedrichs hat Haute Couture eigener Art geschaffen, die sich in vielen wichtigen Eigenschaften mit der Pariser Haute Couture messen konnte. Er verdankte die Möglichkeit, hochwertigste Stoffe mit wertvollen Verzierungen in extravaganten und üppigen Schnitten zu gestalten, der langjährigen Treue seiner Kundinnen. Denn diese waren über Jahrzehnte

---

122 WP, 2. März 1999.
123 WP, 10. April 1999.
124 WP, 28. Februar 2000.
125 Friedrichs, S. 49 f.

bereit, die stolzen, aber angemessenen, Preise für diese hohe Schneiderkunst zu zahlen.

Die außergewöhnliche Qualität und Wertschätzung seiner Modelle wird dadurch belegt, dass sie von seinen Kundinnen, die über Geld und Gelegenheit verfügten, ihre Mode in Paris, Mailand, London oder New York zu erwerben, den Entwürfen der international renommierten Modeschöpfer vorgezogen wurden. Sie wussten, dass sie mit einem Modell von Hanns Friedrichs bei jedem beruflichen oder gesellschaftlichen Anlass neben Entwürfen von Dior, Chanel, Balenciaga oder Saint Laurent bestehen würden. Friedrichs war sich dieser, in seiner Person begründeten, Alleinstellung bewusst. Er riet schließlich sogar einem seiner engsten Mitarbeiter von dessen ursprünglichen Ansinnen ab, sein Atelier zu übernehmen, weil er wusste, dass mit seinem Ausscheiden die Ära dieser hohen Schneiderkunst ihr Ende gefunden hatte und damit die wirtschaftliche Grundlage für den Fortbestand eines Couture-Ateliers in der Art eines Hanns Friedrichs verloren war.

Zeichnung und ausgeführtes Modell. Weißer Hosenanzug aus Seidencrêpe. Enge lange Ärmel mit hochgeschnittenem Revers. Unter der Brust senkrechte, streifenförmige Ausschnitte, die mit hautfarbenem Tüll unterlegt sind. Zusätzlich ist dieser Bereich aufwändig mit silbernen Kristallperlen bestickt. Um 2000. Foto und Zeichnung: Nachlass Friedrichs.

Bis ins hohe Alter waren die Entwürfe für Abendroben eines der Lieblingsthemen, denen sich Hanns Friedrichs widmete. Das Foto entstand Ende der 1990er Jahre vor seinem Düsseldorfer Atelier am Jürgensplatz 62. Die schwarz glänzenden Initialen HF sind deutlich am Eingang zum Modeatelier erkennbar. Foto: Manfred Sobottka, Meerbusch.

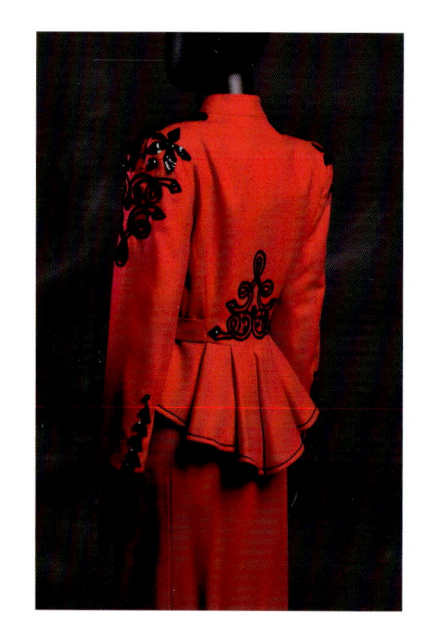

Rotes Flanellkostüm mit schwarzer Bändchenapplikation und Stickerei, chinesisch angelegt. Vorne Reißverschluss, Stehkragen und materialgleicher Bindegürtel. Knielanger enger Rock. Verzierte Brustpartie und Schulterklappen, zusätzlich mit schwarzen Pailletten bestickt. Rücken mit Taillenstickerei und angesetztem Faltenschößchen. Am Ärmelabschluss kleine Knöpfe mit schwarzen Quasten, Cabochon-Knöpfe. 1987.

Leihgabe: Gerlinde Bruns.

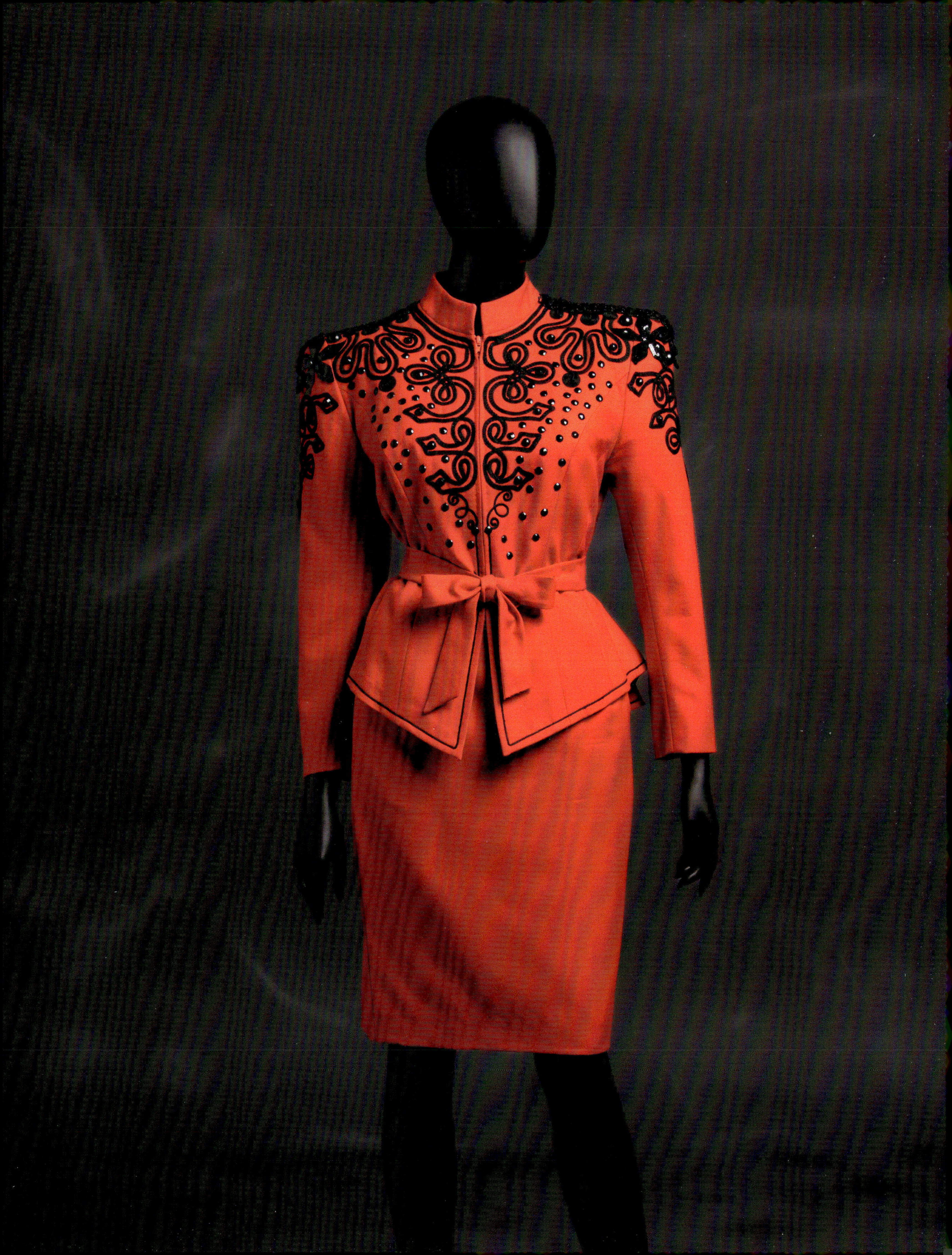

Ärmelloser Bolero mit Rock aus schwarzweißgestreifter Seide. Knielanger Rock, vorne aufgesetzte offene Taschenattrappen aus schräglaufendem Stoff, hinten im unteren Teil des Rockes ein eingesetztes Faltenteil. 1980er Jahre.

Leihgabe: Petra Holtmann, Hagen.

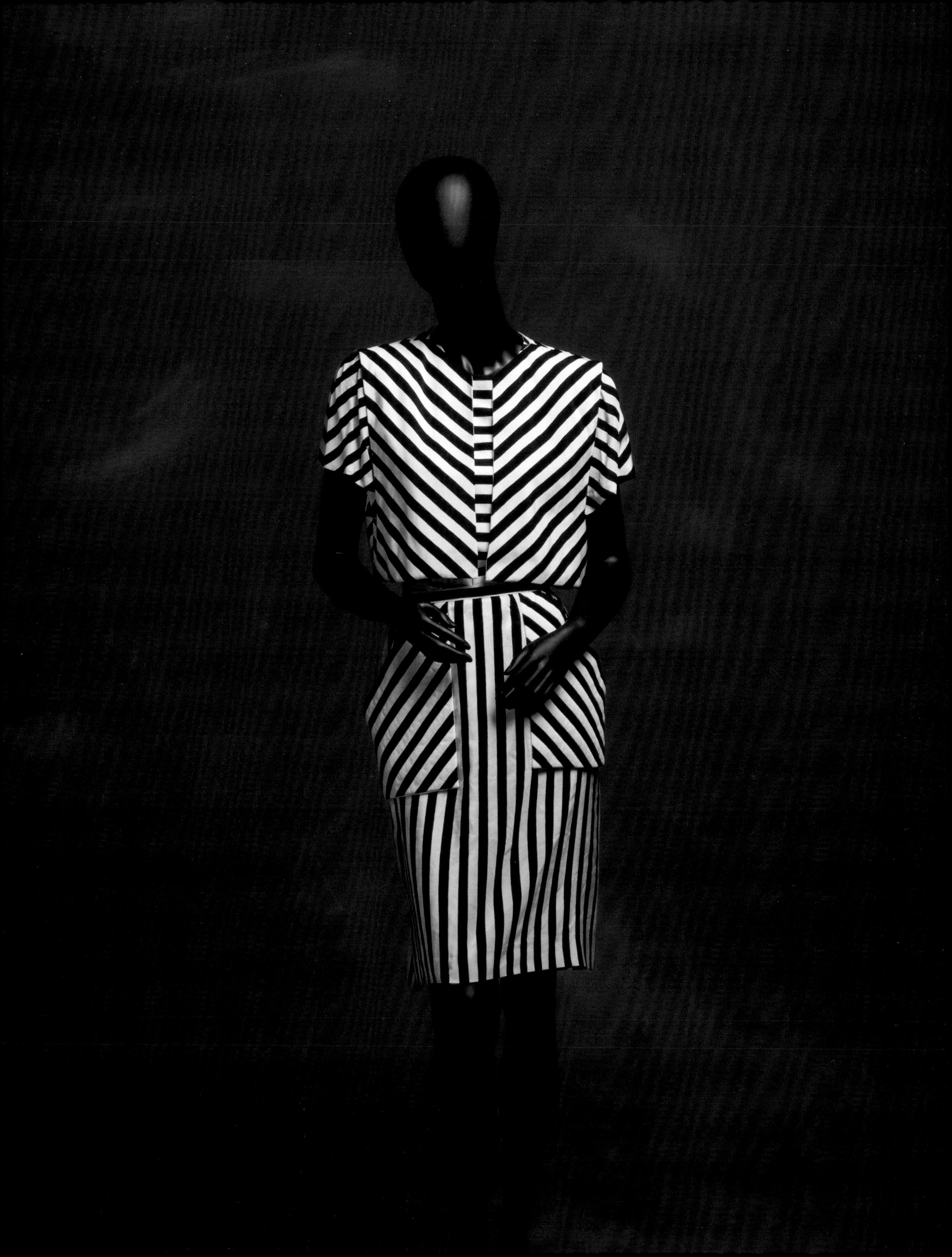

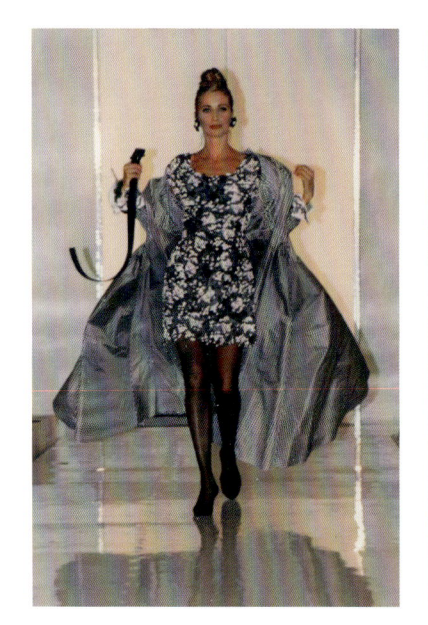

Langer Seidenmantel in schwarz-weißem Vichykaro, mit in der Musterung kontrastierendem, fantasievoll ornamentiertem, bedrucktem Organza an Kragen und Manschetten, mit Pailletten- und Rocailleperlenstickerei akzentuiert. Drei schwarze Jetknöpfe mit Schlingen. Kurzes Kleid aus dem gleichem Material, das für Kragen und Manschetten des Mantels verwendet wurde, ebenfalls mit Pailletten und Glasperlen bestickt. Kurze Ärmel, großer Ausschnitt. 1996.

Leihgabe: Gertrud Ebel.

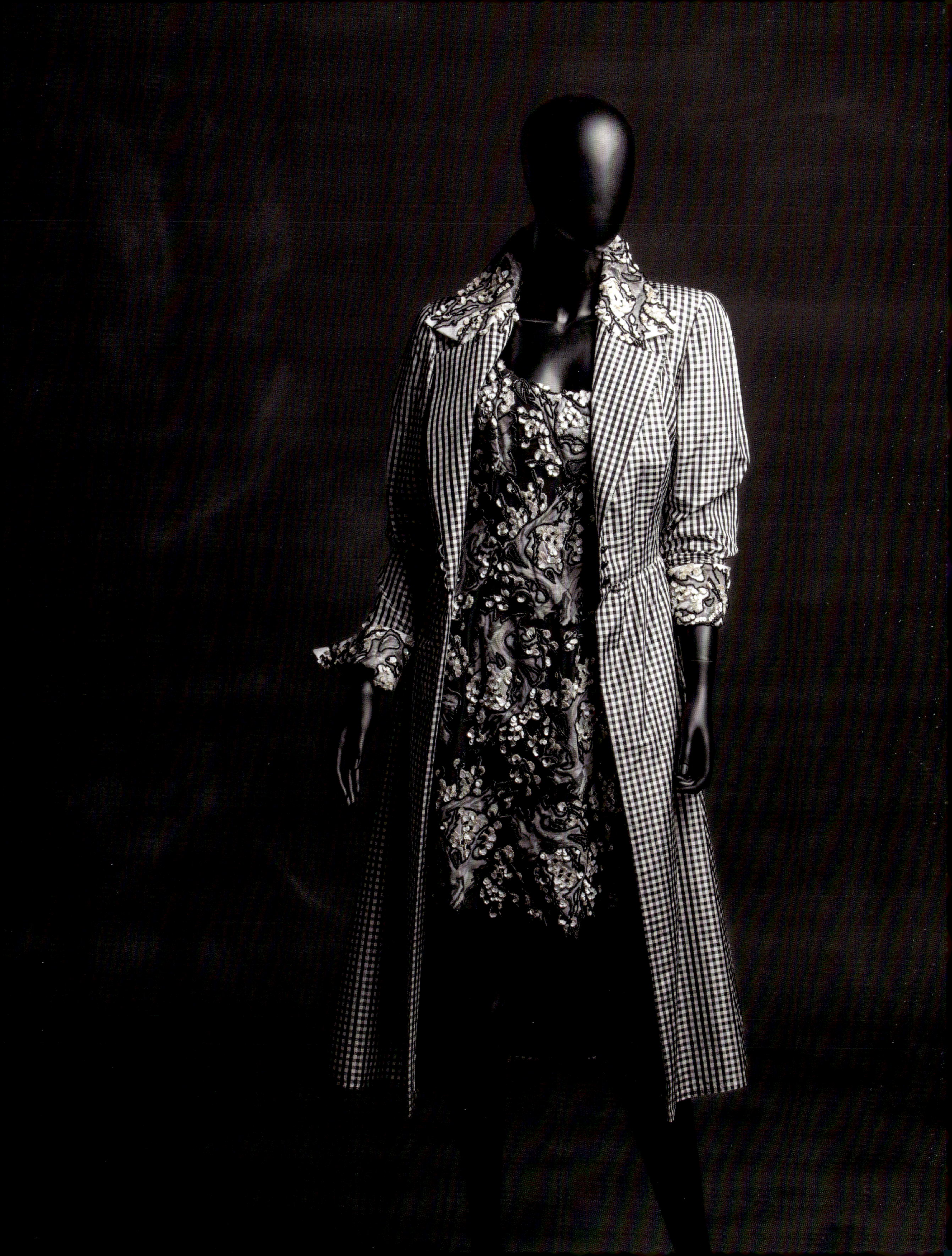

Graues Jerseykostüm mit dunklen glänzenden Gitterpailletten belegt. Kurze, taillierte, gerade Jacke, blind geschlossen, schlichte lange Ärmel. Hinten in der Mitte ein kleiner geknoteter Riegel, kleiner abgesteppter Umlegekragen. Wickelrock, ebenfalls mit Gitterpailletten belegt. Rock vorne mit einer einseitigen Raffung, die mit einzelnen Paillettenausschnitten zusätzlich bestickt ist. Dazu ein passender abgesteppter grauer Jerseyumhang. 1993.

Leihgabe: Karin Sammeck, Düsseldorf.

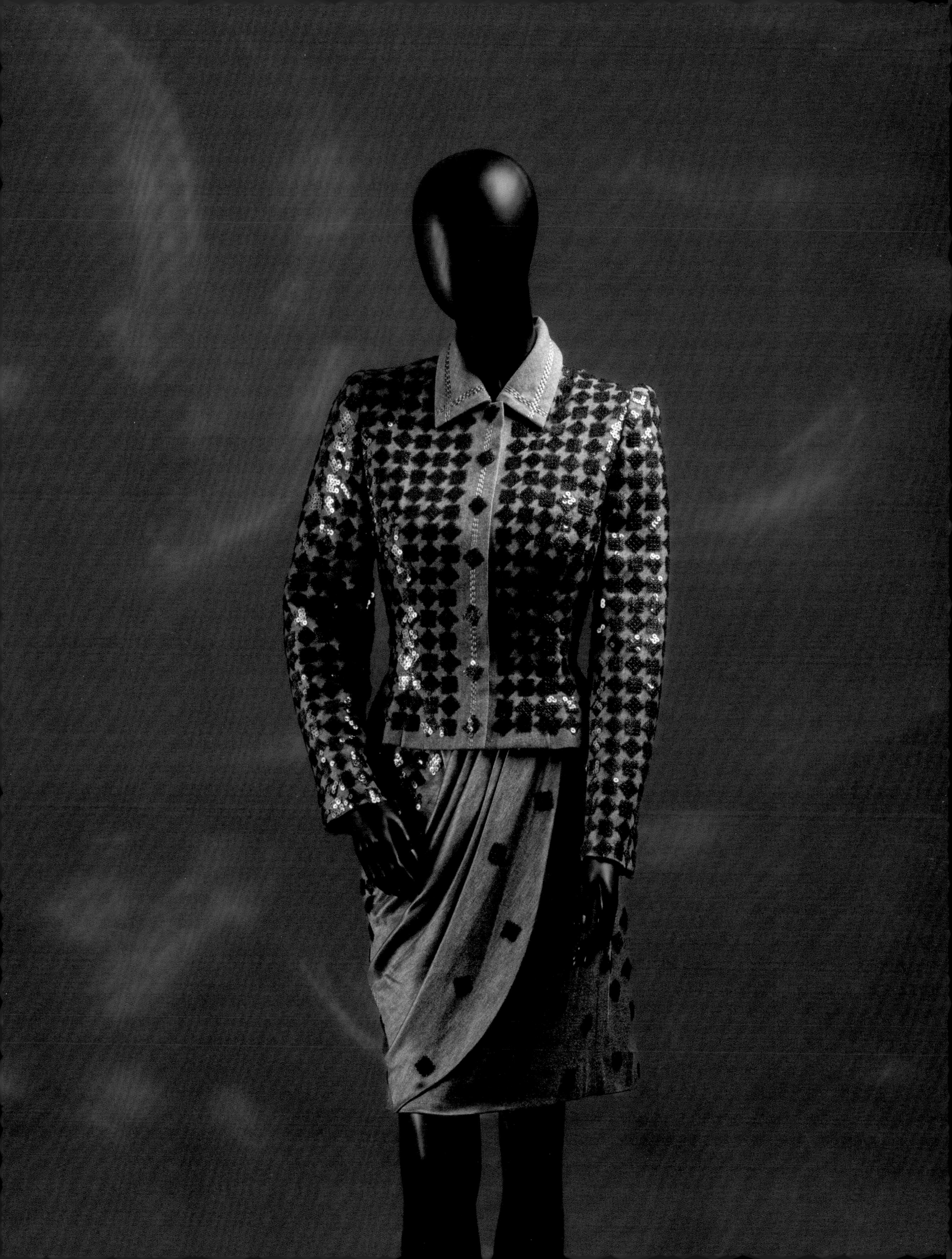

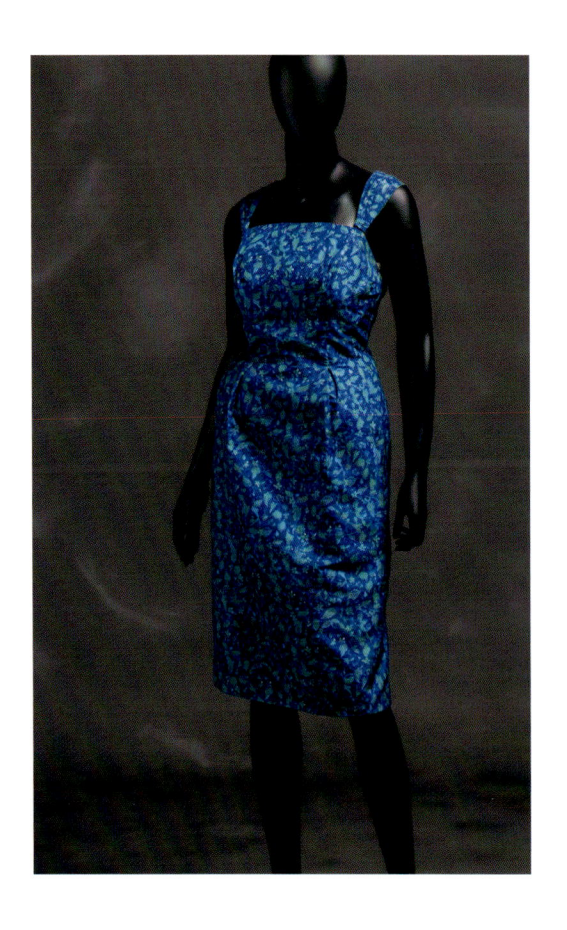

Etuikleid mit kurzer Jacke aus bedruckter Seide. Musterung mit blaugrünen Blumen. Kleid knielang, antailliert mit gerafften Trägern. Bolerojacke mit kurzen Ärmeln und handbezogenen Knöpfen aus identischem Stoff. Dunkles Futter aus Satin. Saum und Belege mit Baumwollspitze abgeschlossen. Mit Etikett „Hafri Modell" versehen. Mitte 1950er Jahre.

Leihgabe: Else Grothe, Hagen.

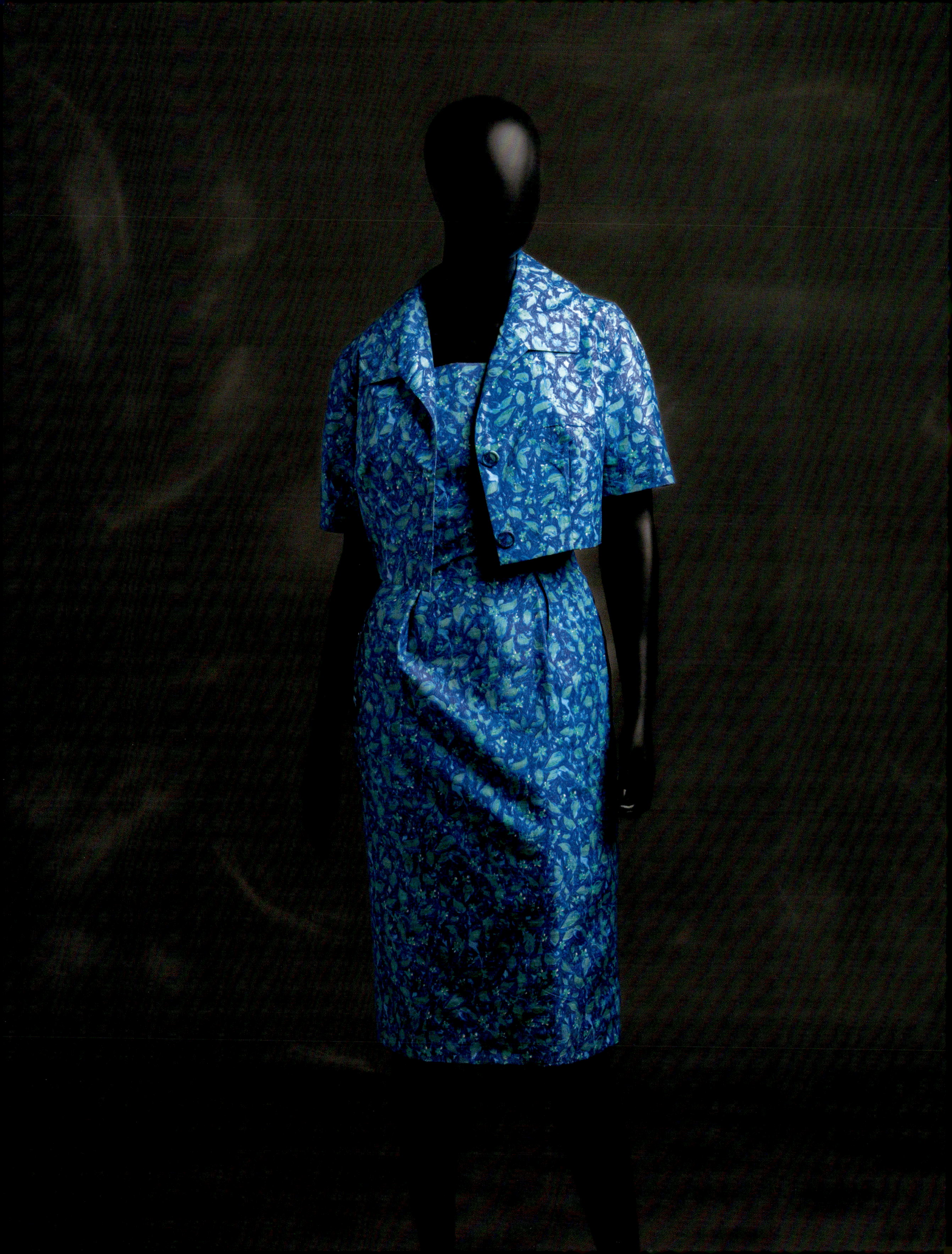

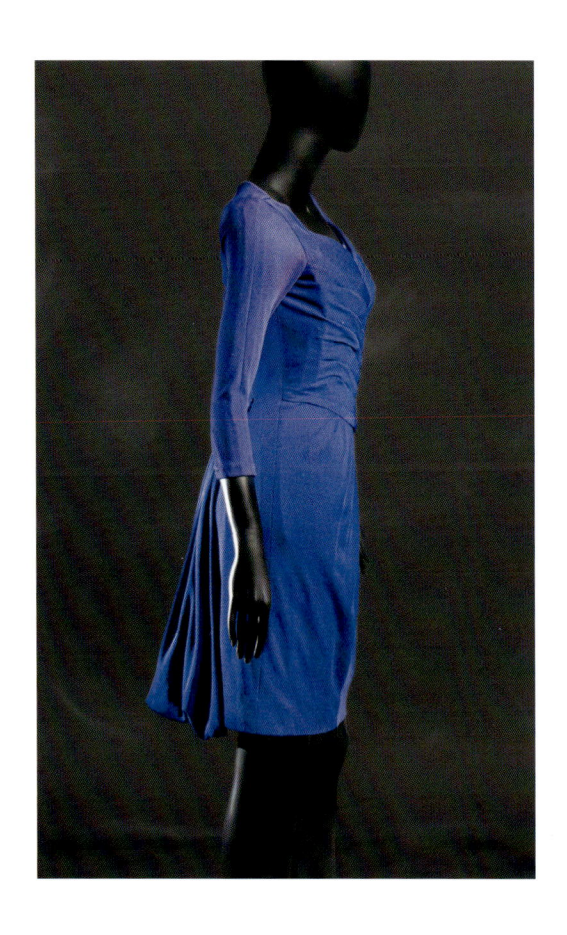

Kornblumenblaues Tageskleid aus Wollkrepp mit engem Rock. Die Taillenweite geht in eingelegte kleine Falten über. Oberteil als Korsage mit zehn gegenseitigen Abnähern verziert. Vorne eingesetzte Ärmel, hinten Kimonostil. Hinten eine abnehmbare Tournüre, deren Saum rund abschließt. Gleichfarbig auf reinseidenem Taft gefüttert. Mit Etikett „Hafri Modell" versehen. 1950er Jahre.

Leihgabe: Gabriele Gottschol-Baasner, Hagen.

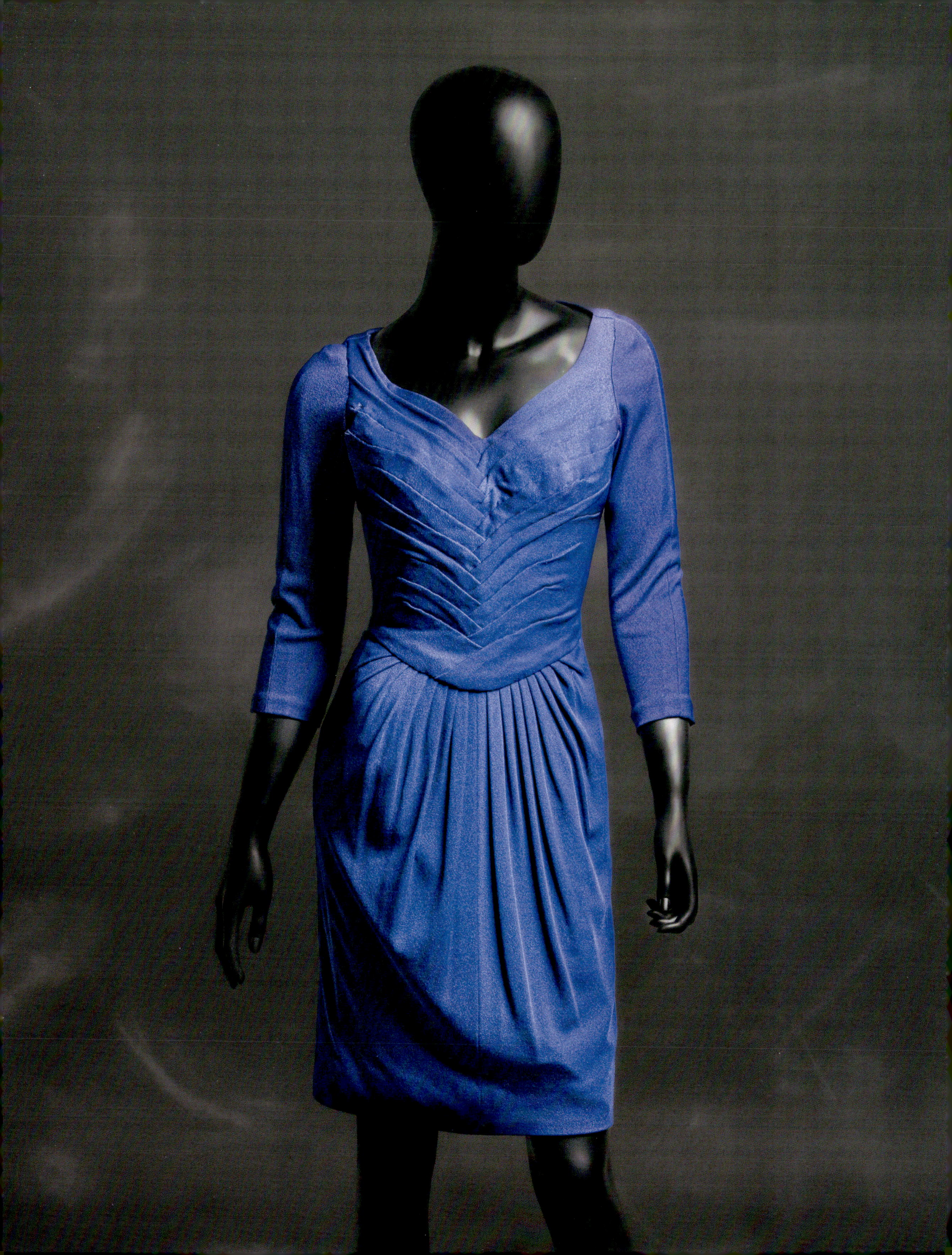

Tageskleid in Regenbogenfarben, plissierter Chiffon. Korsagenoberteil mit großem Ausschnitt und einer gegenläufigen Raffung. Kurze Ärmel, von hinten nach vorne überlappend. Unten schmal plissierter Rock an Raffung anschließend. Im Rücken in der Taille anknöpfbares Schoßteil im gleichen Stoff, nicht plissiert. Taftunterrock mit aufgesetzter Tüllrüsche. Etikett: HF Hanns Friedrichs Düsseldorf. 1998.

Leihgabe: Petra Holtmann, Hagen.

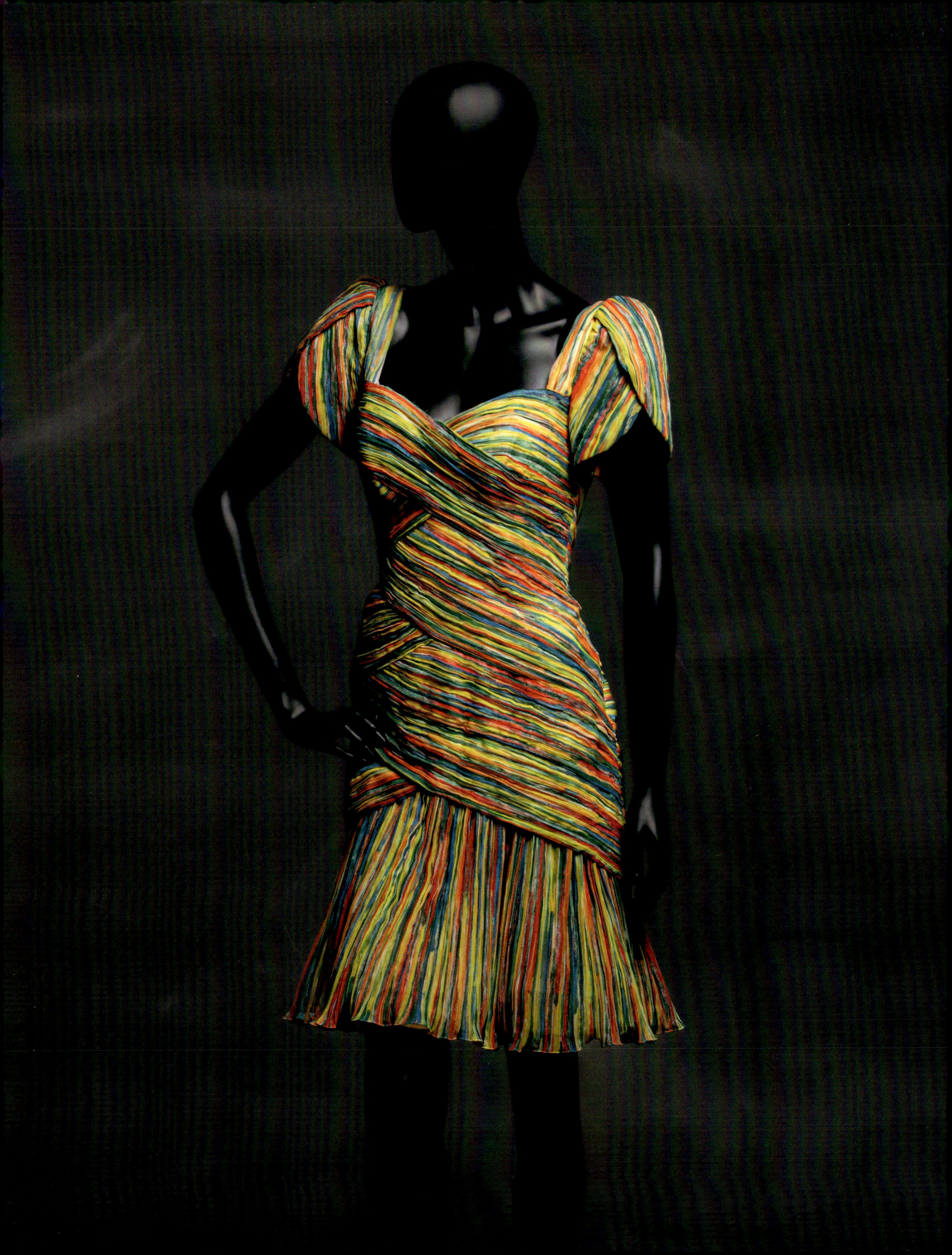

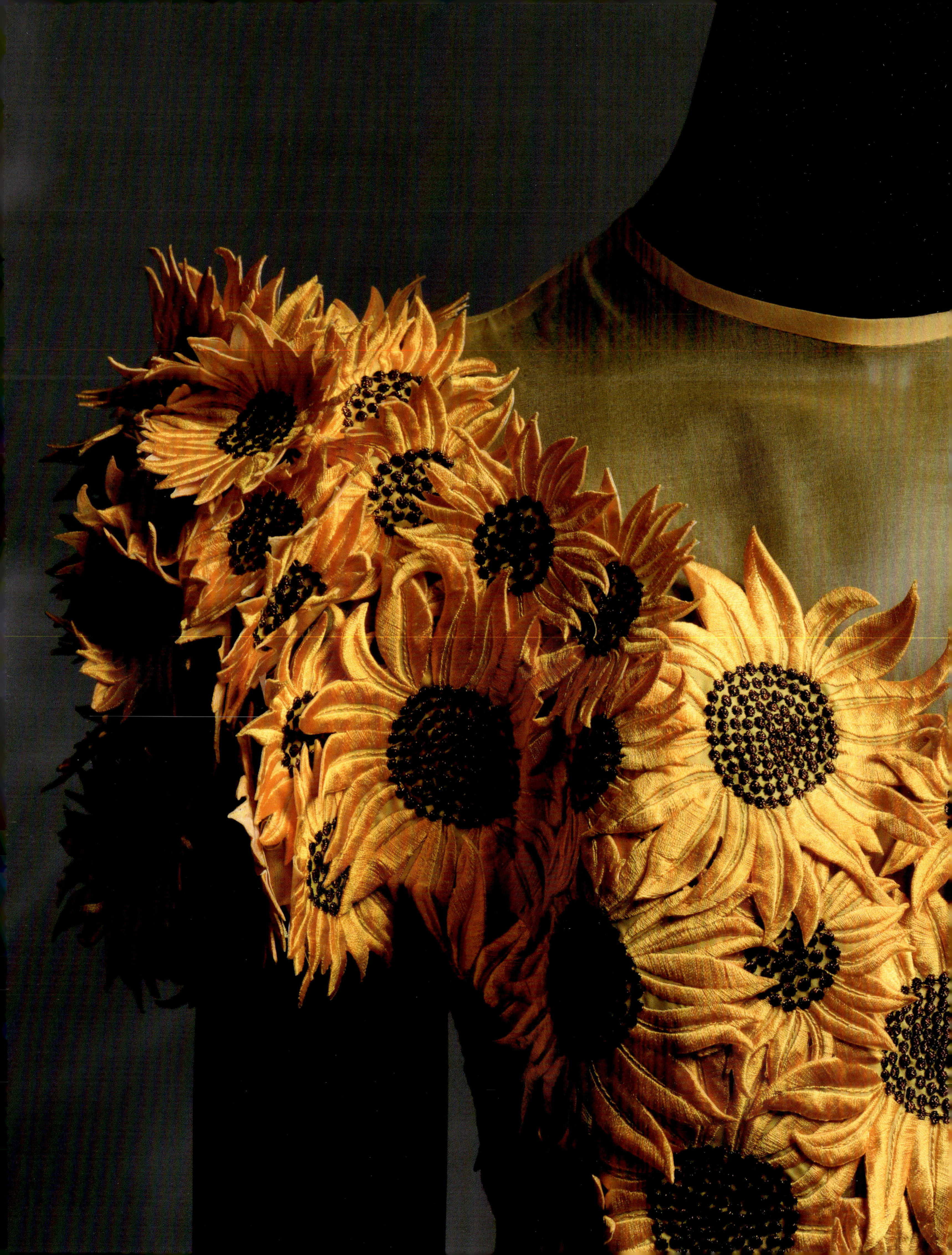

Kurzes Sonnenblumenkleid aus gelbem Organza mit einzeln aufgenähten Sonnenblumen. Hochgeschlossener Halsring, im Rücken mittig ein Reißverschluss mit aufgebügelten gelben Strassreihen. Kleiner eingesetzter kurzer Arm. Unterrock mit mehrfachen Organzarüschen und Baumwollspitzenabschluss. 1995.

Leihgabe: Katharina Löring, Köln.

Cremefarbenes Tageskleid aus Shantungseide. Kleid in Bahnen geschnitten, weiter Rock. Oberteil mit Wiener Naht vorne, in der Mitte eingesetzte Blende, großer Ausschnitt in Bogenform. Auf der Blende perlmutfarbene Halbkugelknöpfe. Schräggeschnittene kurze Ärmel mit Schlitz. Kleid mit Perlen verziert. Rock von der Künstlerin Oda Walendy mit Pariser Motiven handbemalt, dazu angepasst bunte Swarovski-Steine und Cabochons. 1992.

Leihgabe: Katharina Löring, Köln.

Cremefarbenes Tageskleid in Seidenjacquard. Vorne doppelreihig geschlossen mit kleinen perlenbesetzten Knöpfen. In Bahnen geschnittener Rock. Oberteil mit kurzen Ärmeln, Dekolleté mit kleinem Revers und Kragen betont. Der Jacquard des Kleides mit HF-Monogramm. Für den Rock wurde eine zusätzlich mit der Stadtansicht von Düsseldorf bedruckte Version dieses HF-Jacquards verwendet. Die Ansicht stammt von einem historischen Stich. Unterrock mit zwei Tüllrüschen, obere Tüllrüsche versehen mit schwarzen und weißen Duchessebändchen. Der Oberrock ist am Saumende leicht versteift. 1996.

Leihgabe aus Privatbesitz.

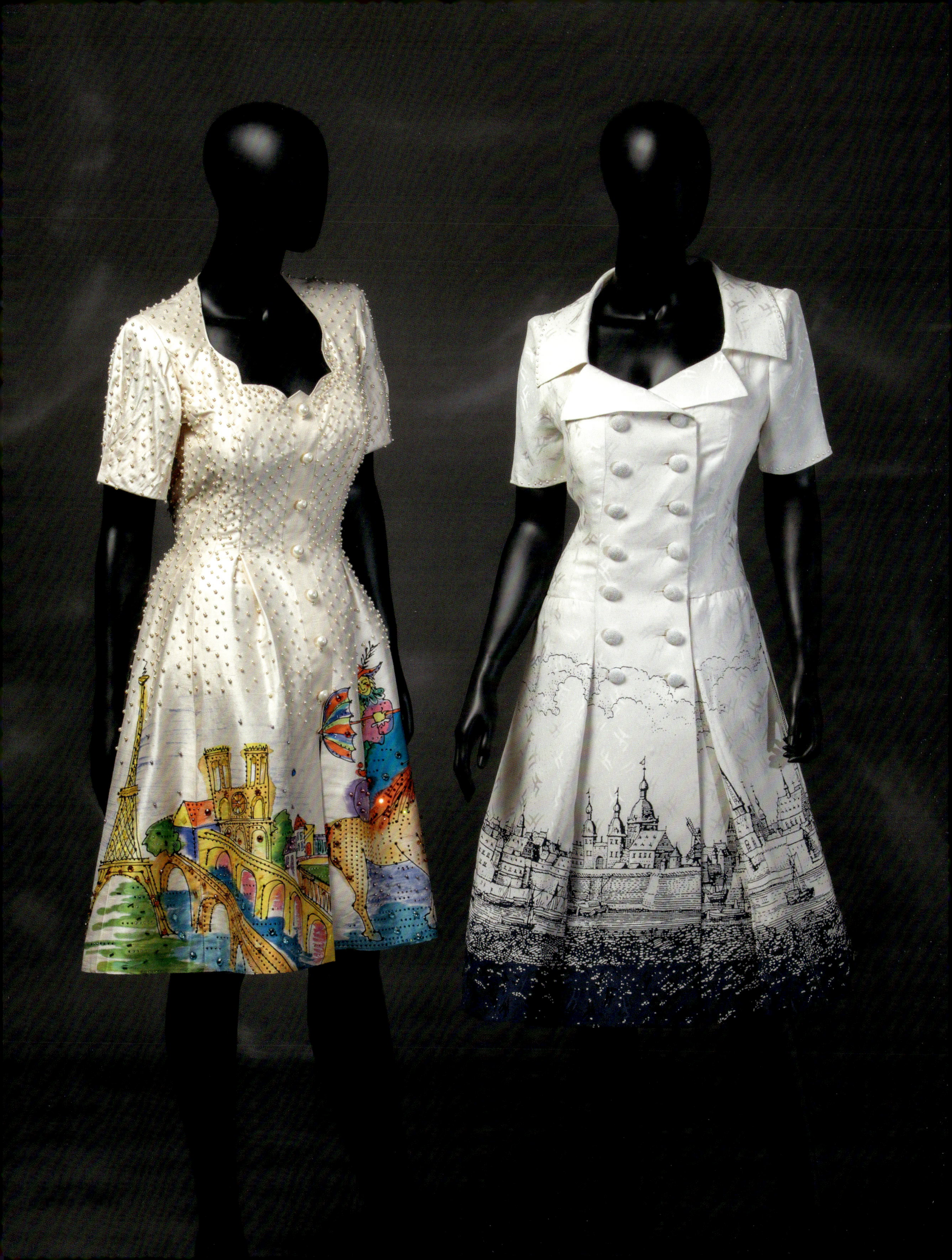

Weißes Leinenkleid. Tageskleid mit Wiener Nähten. Vorne doppelreihig mit weißen Jetknöpfen durchgeknöpft. Mit Motiven in Form von Holunderblütenzweigen und roten, blütenförmigen Pailletten bestickt. Kurze Ärmel, die am Schultergelenk und am Saum in kleine Falten gelegt sind. Hochgeschlossener runder Halsausschnitt, aufgesetzte Taschen. Gefüttert mit weißem Baumwolltaft. 1990.

Leihgabe: Petra Holtmann, Hagen.

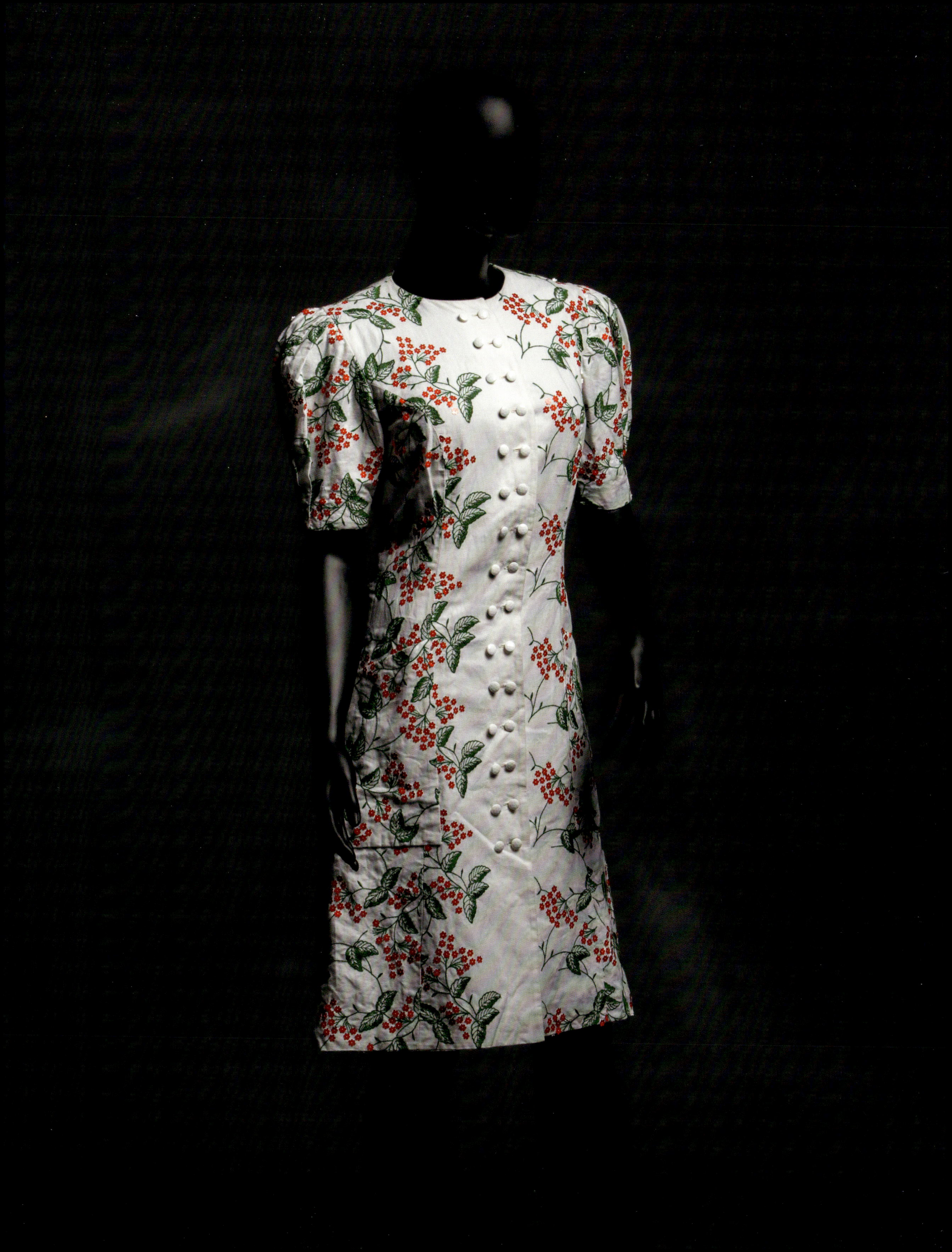

Graues, gerade geschnittenes, ärmelloses Wollkleid mit Stehkragen. Vorne ein kleiner Gehschlitz. Mittig verziert mit zwei fünf Zentimeter breiten Riegeln sowie zwei großen versetzt angebrachten Knöpfen. Ein Riegel als Kontrast aus Breitschwanz. Etikett: Hanns Friedrichs Modell. 1960er Jahre.

Leihgabe: Ilse Felder, Düsseldorf.

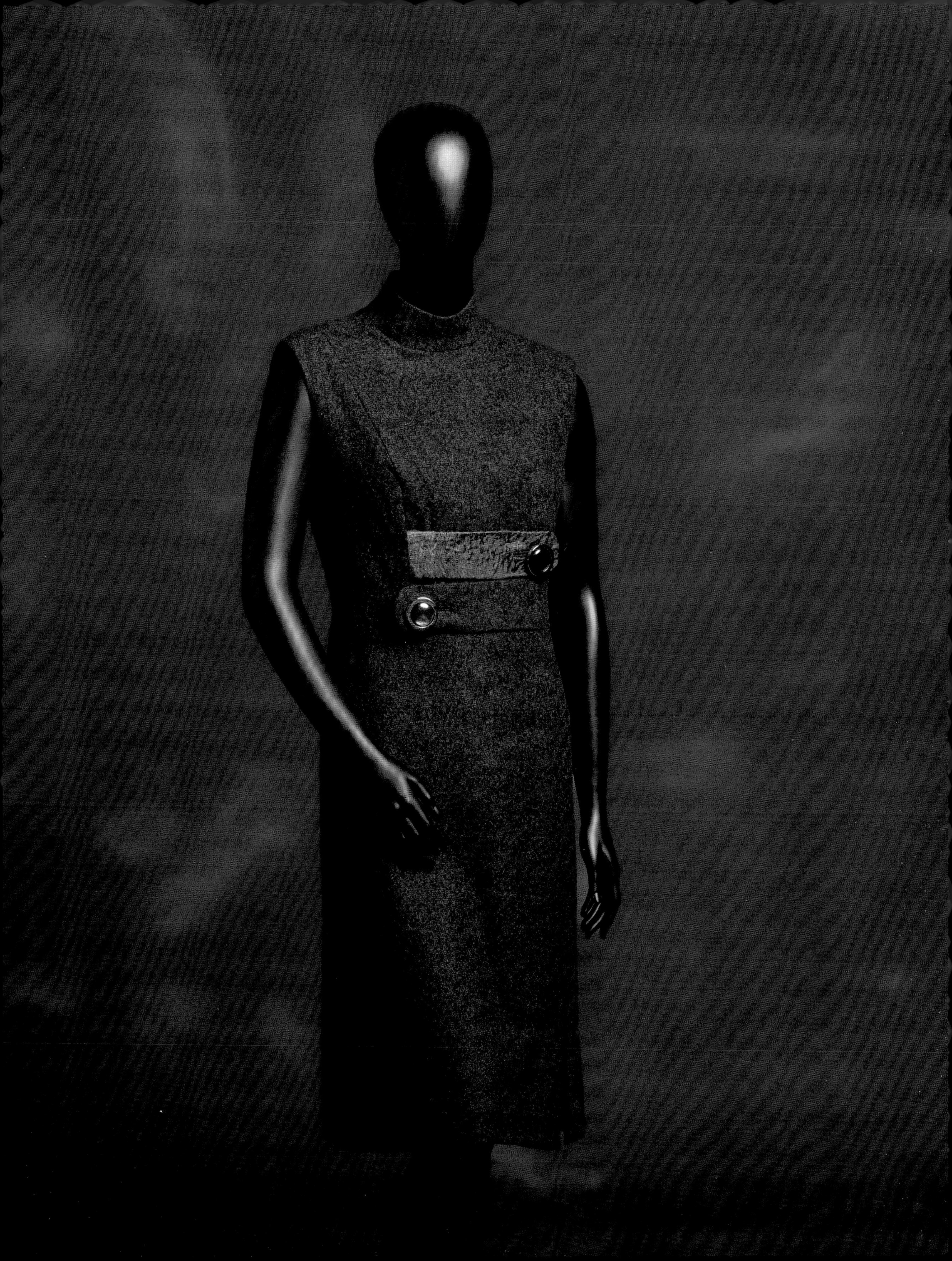

Graues Wollkostüm aus Etuikleid und kurzer Jacke. Zwei Hermelinstreifen am Ausschnitt des Kleides, angeschnittene Ärmel. Taillenkurze Jacke mit drapiertem Saumabschluss. Hinten geknöpft mit handgemachten, gleichstofflichen Knöpfen und Dreiviertelärmeln. Vorne eine große geraffte Schleife. Etikett: Hafri-Modell. 1950er Jahre.

Leihgabe: Else Grothe, Hagen.

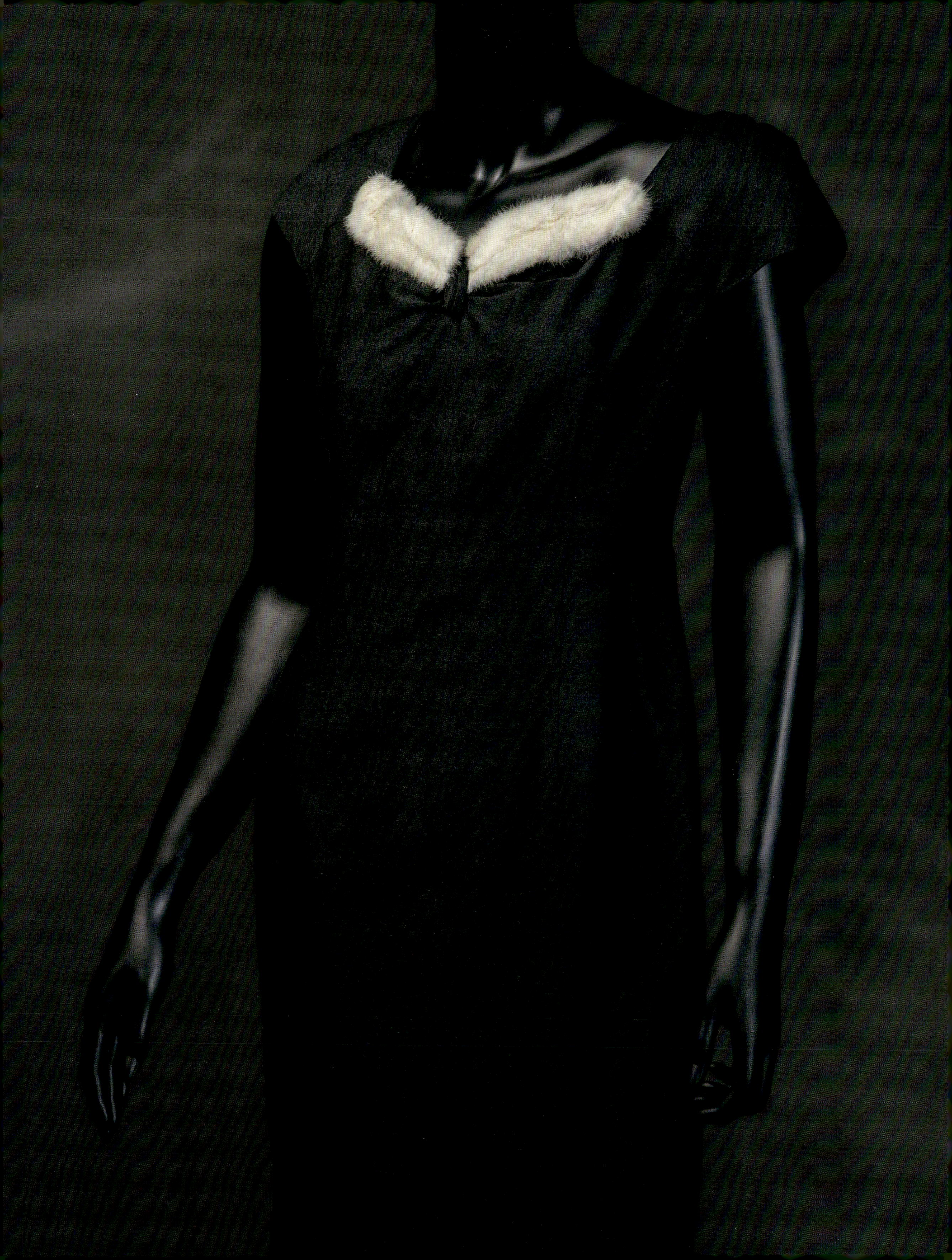

Zweiteiliges Seidenensemble, Rock und Bluse, schwarz mit beigefarbenen Punkten. Bestickt mit Perlmutttalern und kleinen farblosen Rocailleperlen. Abknöpfbare Manschetten und Kragen in Beige. Die Seide wurde auf Organza doubliert. Mit handgefertigten Knöpfen. Der Saum ist mit Spitzenbordüre versäubert. Ausgestellter Rock, Viertelglocke mit aufgesetzten quadratischen, 14 × 14 Zentimeter großen Tüchern. Mit einer beigefarbenen Blende, die mit identischem Stoff ausgefüttert ist. Bündchen aus Lack. Gearbeitet auf Taft mit Organzastufe. 1990er Jahren.

Leihgabe: Christine Gründer, Hagen.

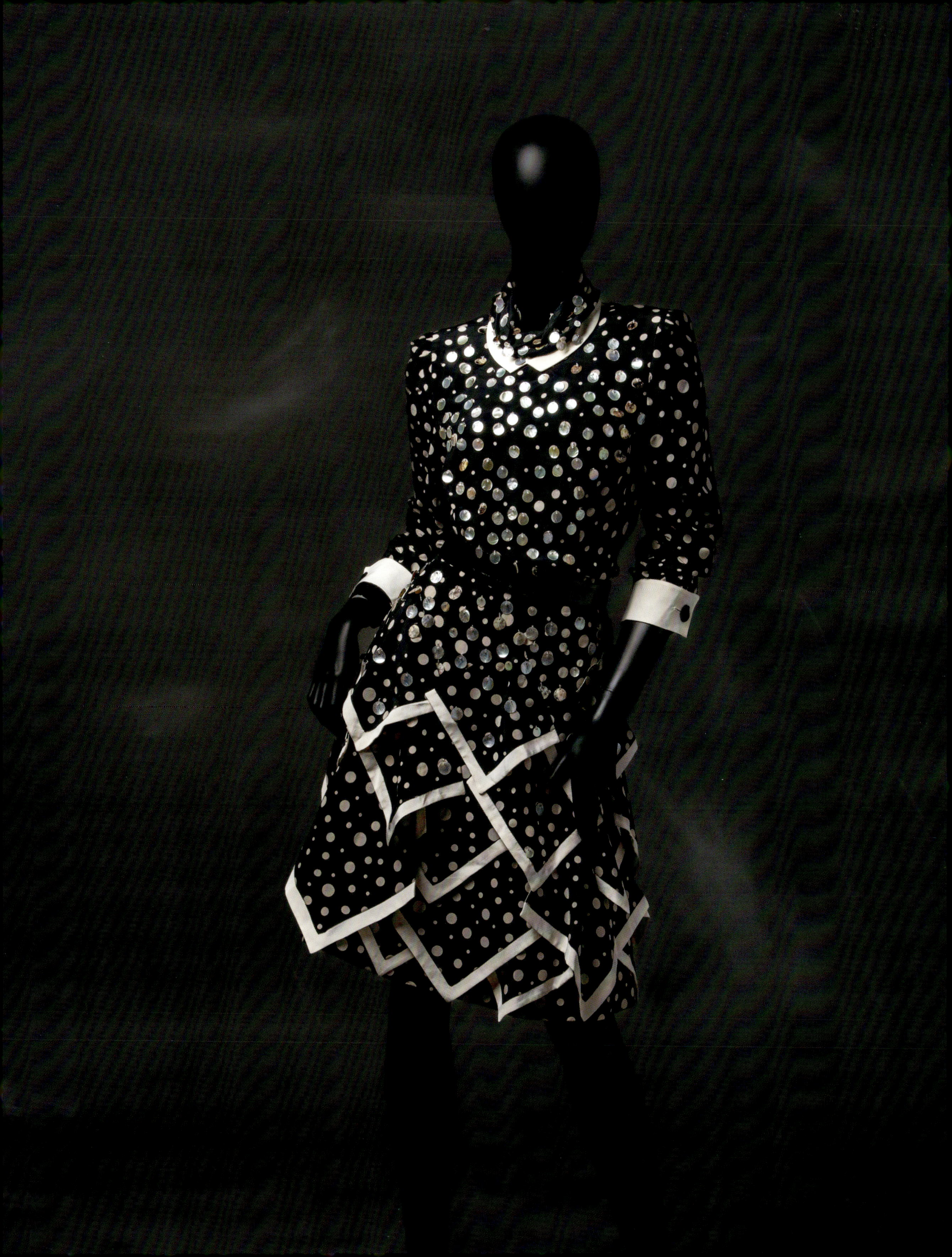

Tageskleid aus rotem Wildleder, bestehend aus Rock und
Oberteil. Vorderteil aufwändige Richelieuarbeit. Angeschnittene
kurze Ärmel mit großem rundem Ausschnitt. Asymmetrischer
Wickelrock im Passenbereich, angesetzte Glocken. Gleichfarbig
bezogener Wildledergürtel mit Applikation. 1980er Jahre.
Leihgabe aus Privatbesitz.

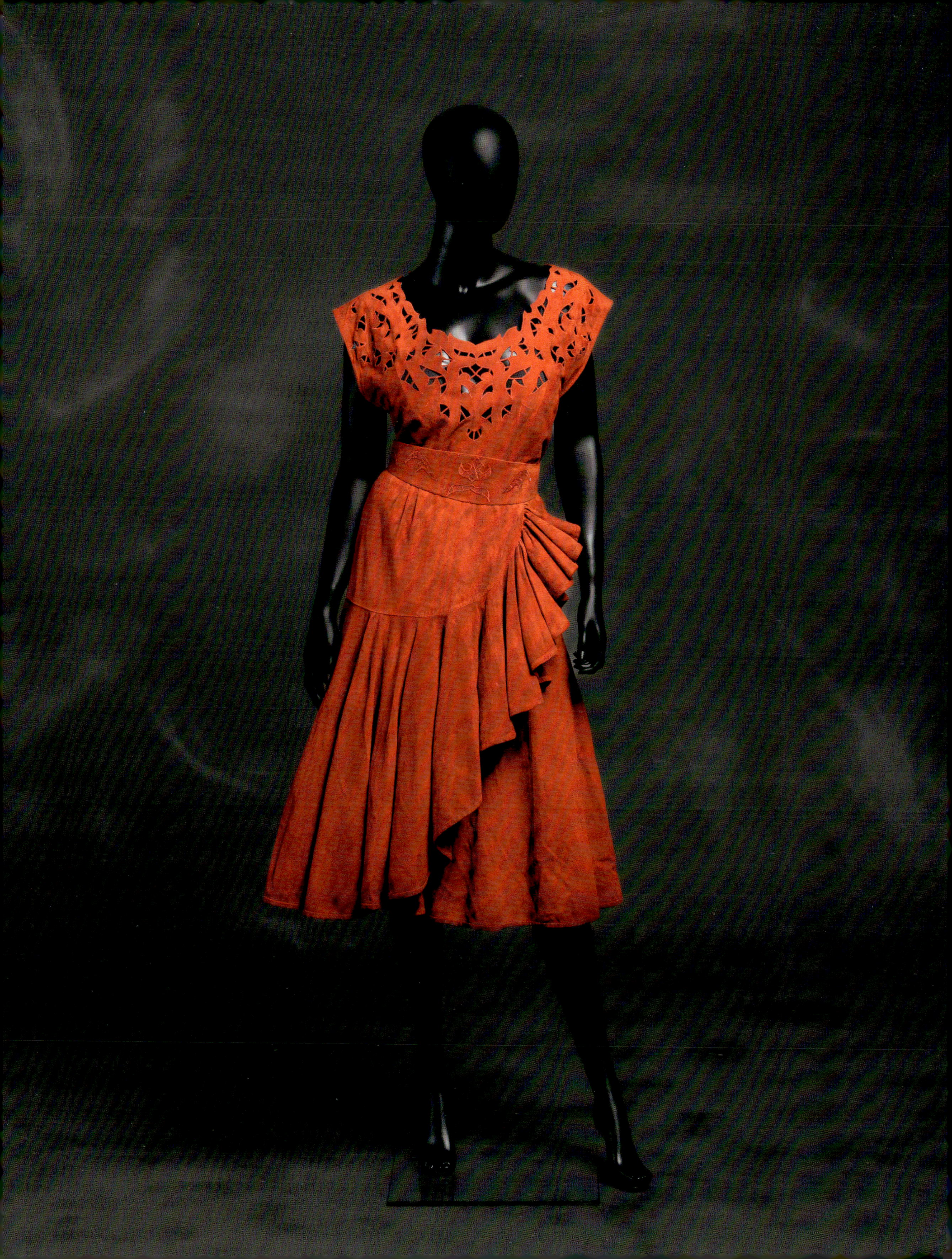

Kamelfarbene Pythonjacke im Blazerstil. Angeschnittene Ärmel, in Streifen zusammengesetzt. Glockiger Rücken, einreihig, mit Reverskragen. Enger Bastspitzenrock mit Schlangengürtel und Seidenpullover. 2001.
Leihgabe aus Privatbesitz

Cremefarbener Schlangenmantel mit tief angesetzten Ärmeln und Reverskragen im Trenchcoatstil mit Bindegürtel. Knebelknöpfe, Ärmelriegel und hinten Passe mit angeschnittenem Riegel. 1999.
Leihgabe: Wibke Hengstenberg, Schwerte

Brauner Paisleyrock mit eingeschnittenen Bahnenglocken. Saumabschluss, verziert mit Federn und Metallanhängern. Um 2000.
Leihgabe Rock: Renate Voss-Frönicke, Düsseldorf.

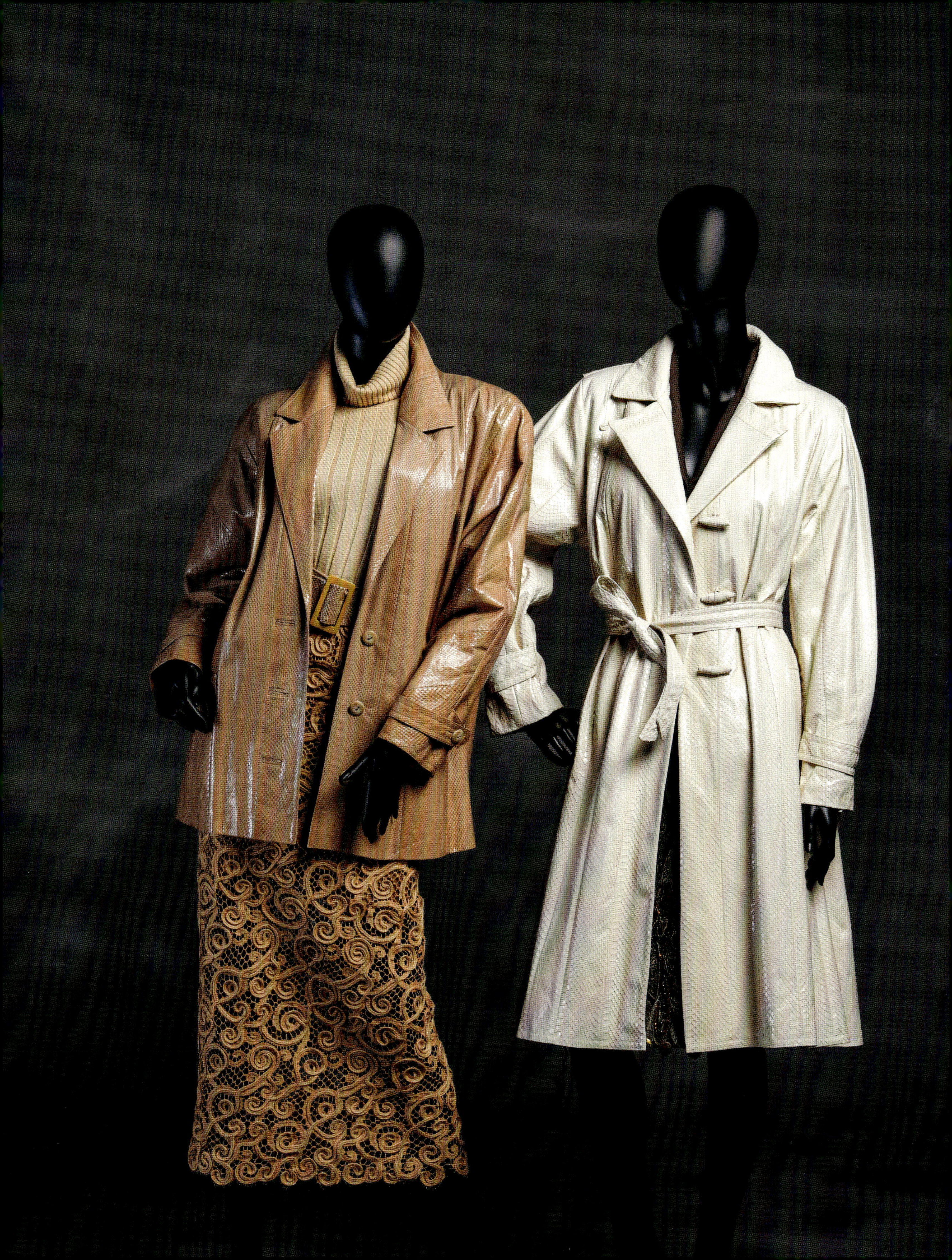

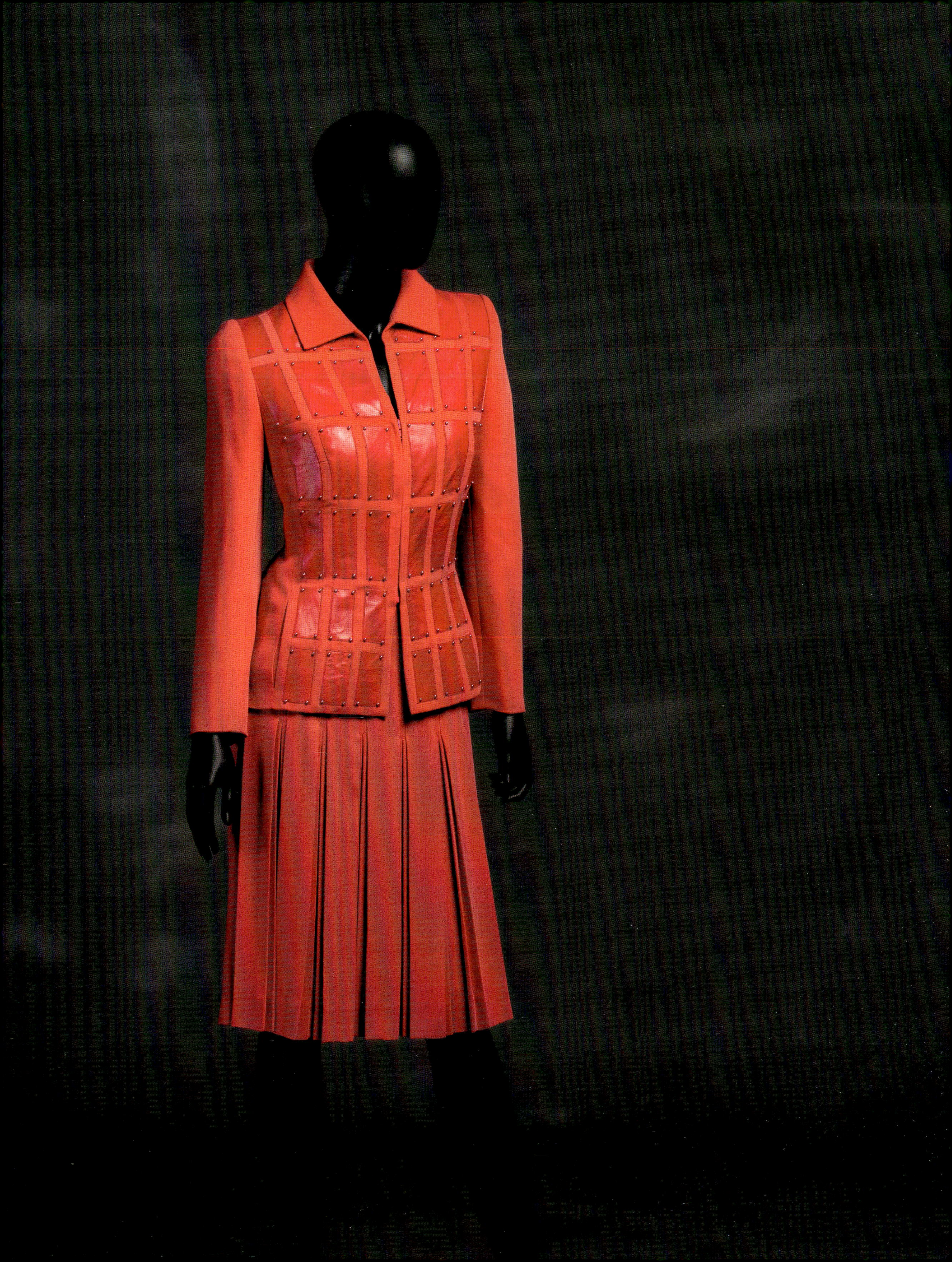

Pinkfarbenes Gabardine-Kostüm. Hüftlange Jacke, besetzt mit gleichfarbigen Lederrechtecken, die zusätzlich mit Perlen Ton in Ton verziert sind, langärmlig und antailliert. Jacke mit seitlichen Taschengriffen in der Naht. Schlitze am Ärmel. Jacke voreinander stoßend, mit kurzem Reißverschluss bis Brusthöhe. Kleiner Umlegekragen. Knielanger Rock mit doppelten Falten. 2000.

Leihgabe aus Privatbesitz.

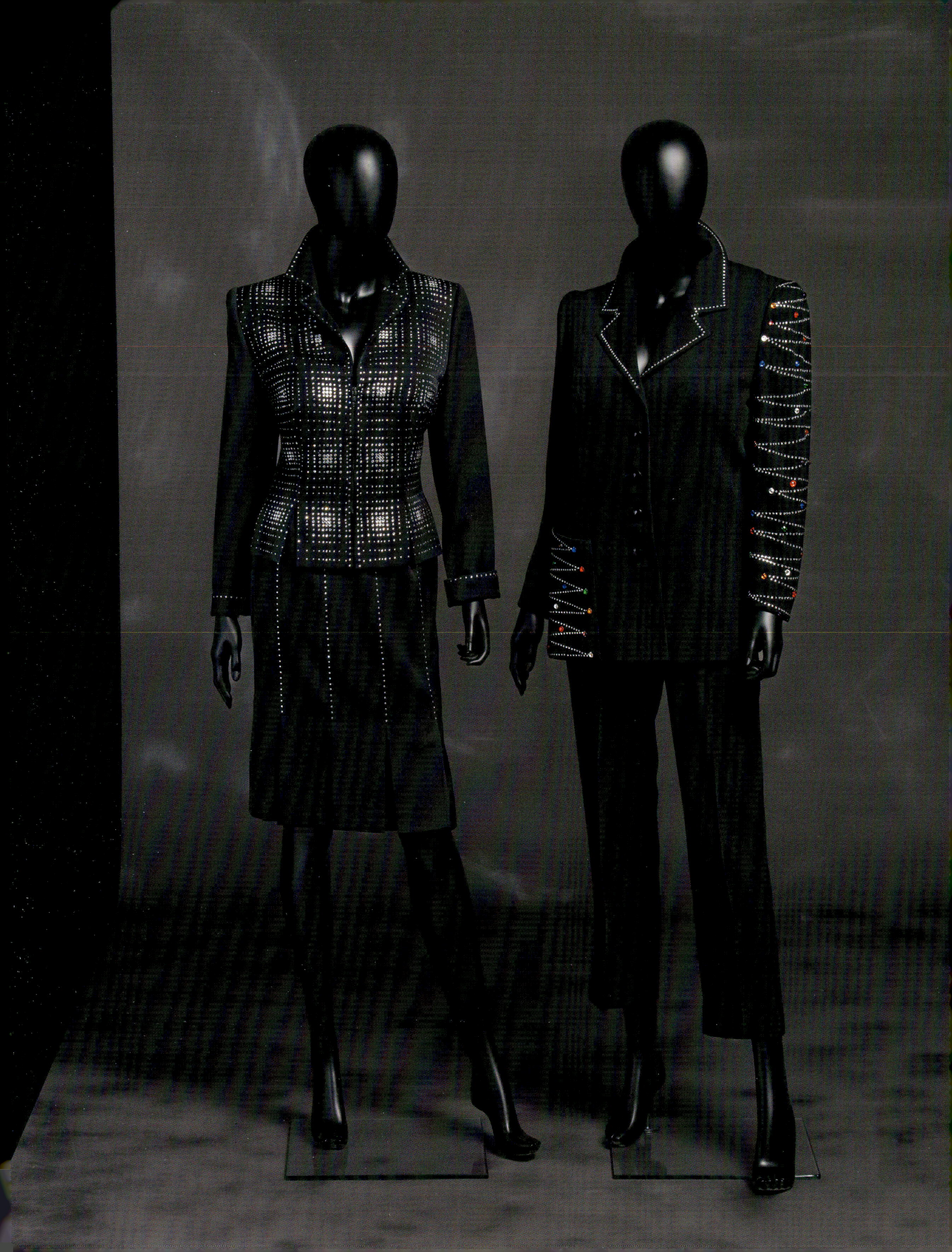

Schwarzes Kostüm aus Wollsatin. Langärmelige Jacke, vorne mittiger Reißverschluss, mit schmalem Revers. Ärmel mit Aufschlag. Schwarzer Bahnenrock mit unten aufspringenden Falten. Jacke, mit gleichfalls unten aufspringenden Schlitzen, auf dem Vorderteil mit Ornamenten aus Karos verziert, gebildet durch aufgebügelte Swarovski-Steine. Am Ärmelabschluss Kragen, Revers und Rock bis zu den Falten aufgebügelte Strassbahnen. 1990er Jahre.

Leihgabe: Elma Binge, Mettmann.

Hosenanzug, schwarze Hose und gerade geschnittene Jacke mit aufgesetzter Tasche. Ärmel, Tasche, Revers und Rückenriegel mit Swarovski-Strassstraßen verziert. Zusätzlich vielfarbige, aufgenähte, Cabochons. Ähnliche Variante mit Rock. 1990er Jahre.

Leihgabe: Ilse Felder, Düsseldorf.

Schwarzes leichtes Schurwollkostüm mit kurzer Jacke und siebenachtellangen Ärmeln. Die Ärmel sind durchbrochen mit schwarzer Baumwollspitze und Fransen. Der Rock ist an der unteren Kante zum Abschluss ebenfalls mit einer identischen Baumwollspitze versehen. Doppellagiger Kragen in Schwarz-Weiß. Ausschnitt vorne rund. Jacke mit Jetknöpfen geschlossen. 2002.
Leihgabe: Gertrud Ebel.

Schwarzes Crêpe-Couture-Kostüm. Rock und kurze Keulenärmel aus Samtspitze mit losen Lurexfäden. Hüftlange Jacke, vorne abgerundet, mit Wiener Nähten, eine Tasche. Rücken der Jacke weit ausgestellt, glockiger Fall. Kleiner weißer Umlegekragen, abnehmbar. Schwarze Jetknöpfe. Vorne schwarze Lack-Samtblüte. Enger Rock mit kleinem Schlitz hinten. 1989.
Leihgabe aus Privatbesitz.

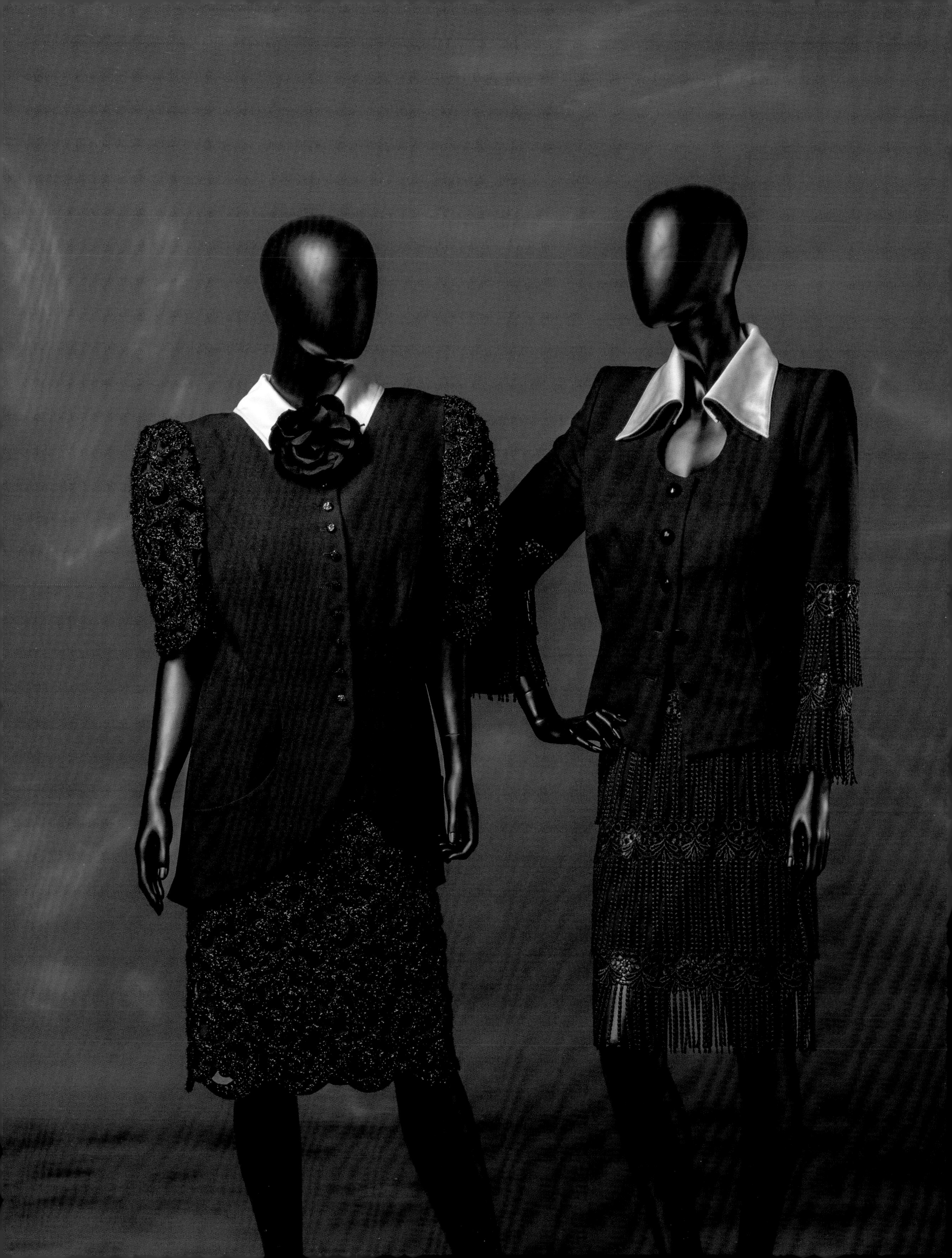

Schwarzer Overall, asymmetrisch geknöpft. Leichter Schurwollstoff. Der Overall hat einen tiefen Ausschnitt. Ausschnitt mit hellem Tüll und ausgeschnittener Gitterspitze verziert, ebenso das Rückenteil. In der Taille ein Duchesse-Riegel mit zwei Jetknöpfen, dreiviertellange, breite Ärmel mit Duchesse-Aufschlägen. Die rechte Hüfte zeigt eine Leistenklappe aus Duchesse, gerades Bein. 1989. Leihgabe: Gerlinde Bruns.

Overall aus kariertem Wollstoff in den Farben Lachs, Weiß und Schwarz, vorn mit angesetzter, taillenkurzer Jacke und Krempelärmeln. Angedeutete Jacke, gegeneinander gearbeitet, ohne Verschluss. Innenliegendes Blusenoberteil lachsfarben, als Overall vorne geknöpft. Rückseitig mit Passe und einem karierten Riegel mit Knöpfen. 1970er Jahre.

Leihgabe: Gerlinde Bruns.

Grün-schwarzes Seidenkleid mit Scherenschnitt-Motiven im
Stil von Tausendundeiner Nacht bedruckt. Kurzes Hemdblusen-
kleid mit Hemdblusenkragen, Knopfleiste, geschlossen mit
kleinen schwarzen Jetknöpfen, Dreiviertelärmel. Zipfelüberrock,
doppelt gearbeitet. Stoff Fabric Frontline Zürich. 1993.

Leihgabe: Karin Sammeck, Düsseldorf.

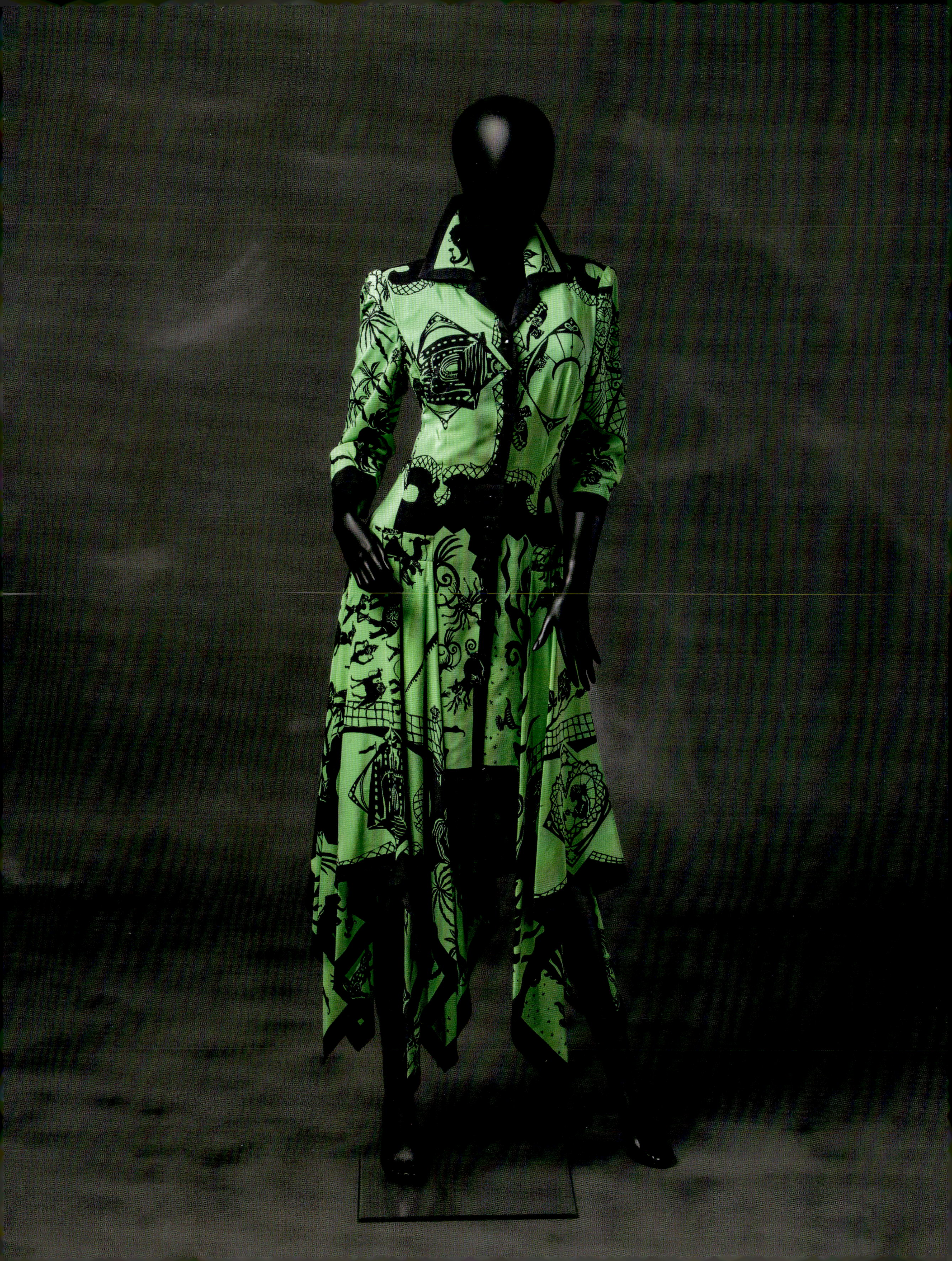

Ab

end

Abendensemble bestehend aus eng anliegendem tailliertem Oberteil mit langen Armen sowie zwei alternativ zu tragenden engen Röcken, knielang und lang. Dunkelvioletter Grund aus Ripsbrokat mit grünen und blauen Metallfäden. Am langen Rock linksseitig ein kniehoher Schlitz nach unten abgerundet. An diesem Schlitz, am Oberteil an Schulter und Saum sowie am kurzen Rocksaum zusätzliche Spitzenblüten und handgemachte Lamellenblätter appliziert. Beim langen Rock innen auffallend mit grünem Lamé abgefüttert. Zusätzlich mit grünfarbigen Cabochons und Swarovski-Steinen versehen. Dazu mit gleichem Stoff bezogene Pumps und Umhängeabendtasche. 1990.

Leihgabe: Katharina Löring, Köln.

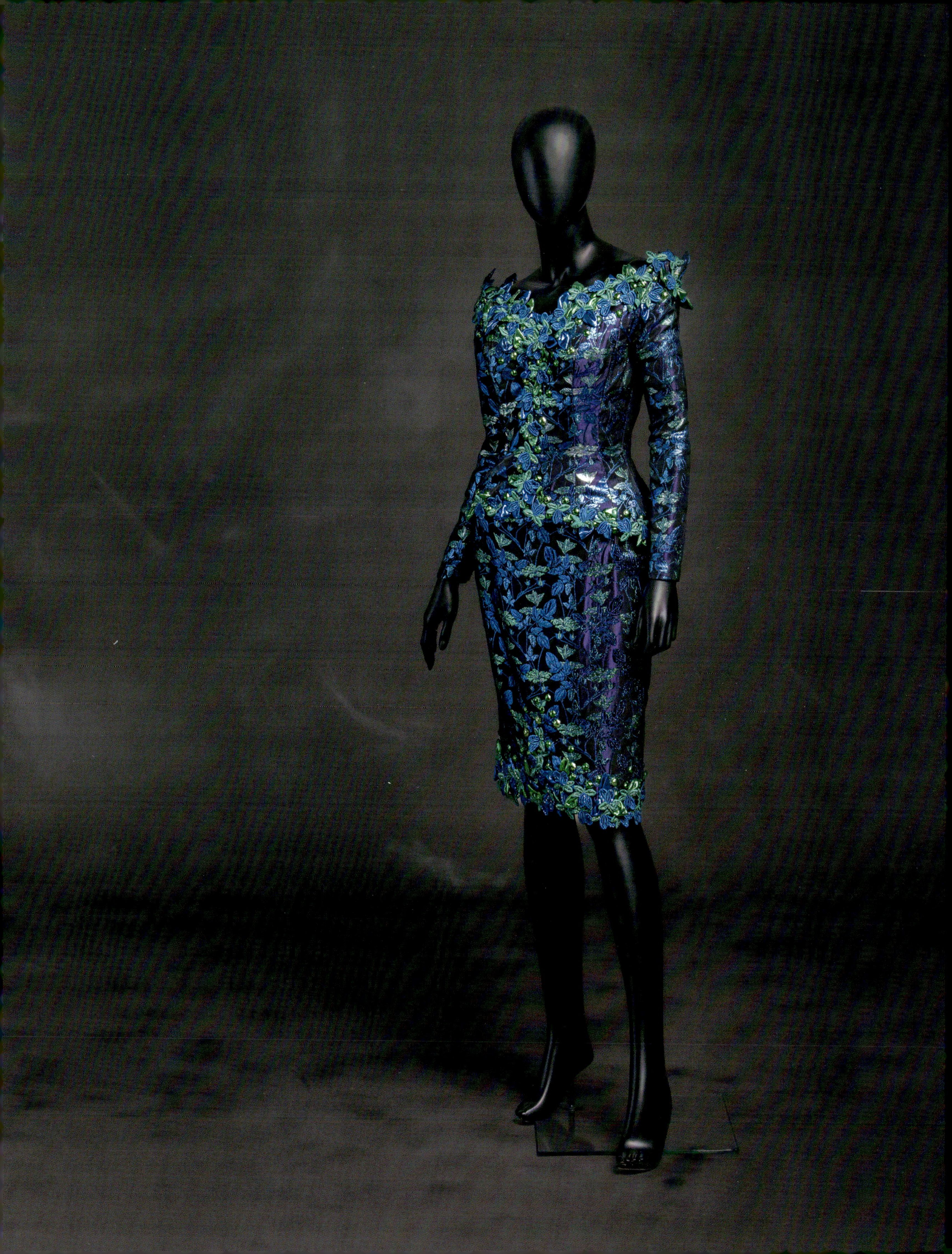

Abendensemble aus langem Rock und Jacke. Jacke aus einer fünf Zentimeter breiten Blütenbordüre zusammengesetzt, mit Perlen bestickt. Schwarzer hoher Samtkragen und passende Taschen mit Goldpaspeln eingefasst. Jacke doppelreihig mit Jetknöpfen geschlossen. Lose überschnittene Schulter. Langer, schräg geschnittener, rosafarbener, zurückhaltend mit Gelb changierender Seidenripsrock. 1989.

Leihgabe aus Privatbesitz.

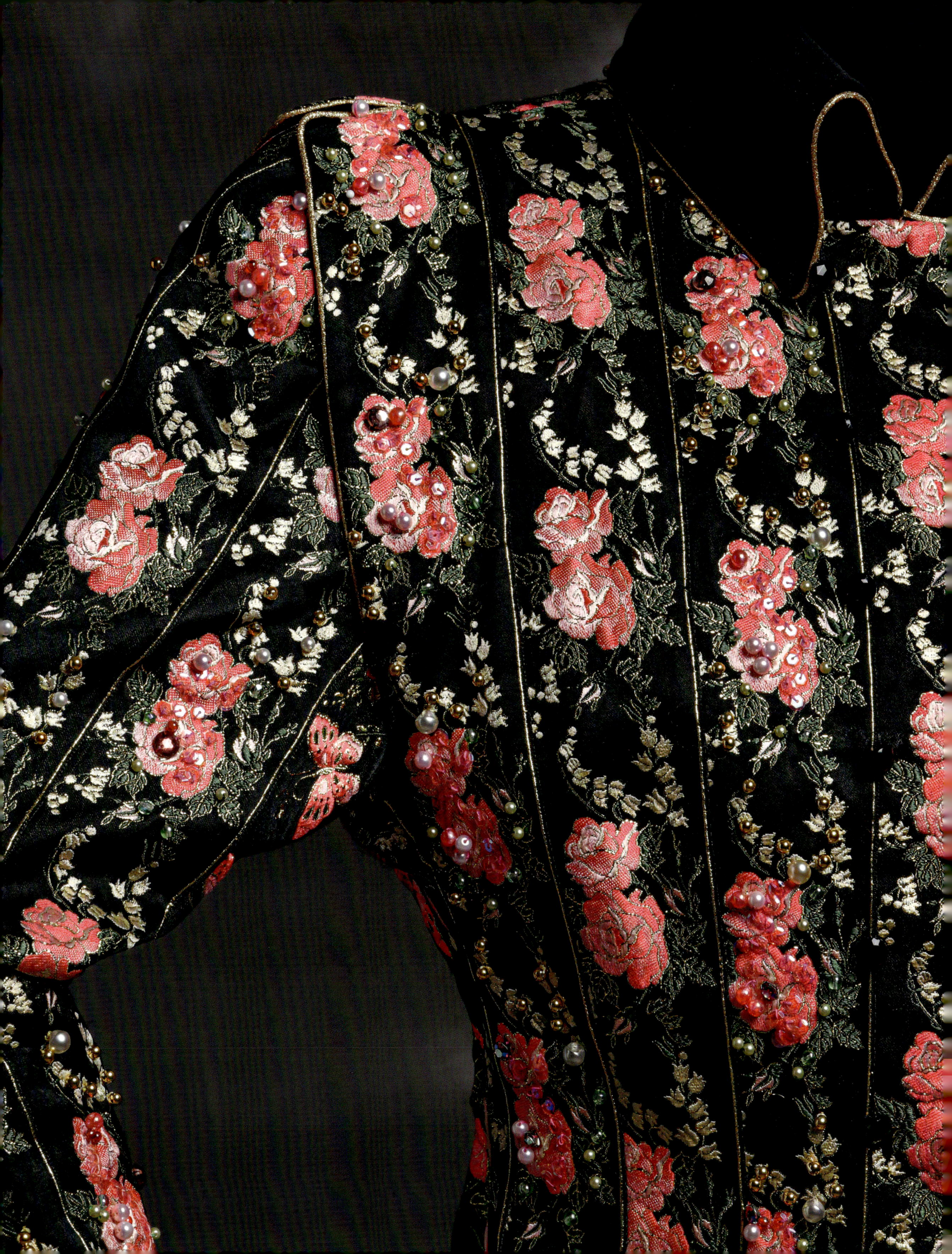

Ensemble aus knielanger, goldfarbiger Lederhose mit seitlichen Taschen und creme- und goldfarbiger Brokatjacke. Jacke mit leicht eingekräuselten Ärmeln, Stegkragen, durch einen Knopf gehalten. Vorne Rundung mit angedeutetem Schößchen. Eine goldene Stiftperlenbordüre bildet den Abschluss an Kante der Jacke. 1989. Leihgabe: Gerlinde Bruns.

Goldfarbiger Hosenanzug, bestehend aus Latzhose mit Jacke. Goldfarbige Paillettenspitze. Kantenabschlüsse ausappliziert. Jacke vorne mit Rundung nach hinten verlängert. Im Rücken ab Taille angeschnittene Glocke. Die Hose ist unten schmal. 1994. Leihgabe: Katharina Löring, Köln.

Creme-goldfarbiger Anzug aus Baumwollpiqué mit passendem Oberteil. Eng geschnittene Hose, seitlich mit Goldpaspel abgesetzt. Westenoberteil kurzärmelig, zweireihig geknöpfte Applikationen, aus dem Stoff ausgeschnitten und appliziert; ebenso die Ärmel. Rückenpartie mit Riegel. Die Blazerjacke mit unifarbenem Revers, mit jeweils zwei Goldknöpfen verziert. Ärmelabschluss ebenfalls mit Goldknöpfen verziert. 1994. Leihgabe: Katharina Löring, Köln.

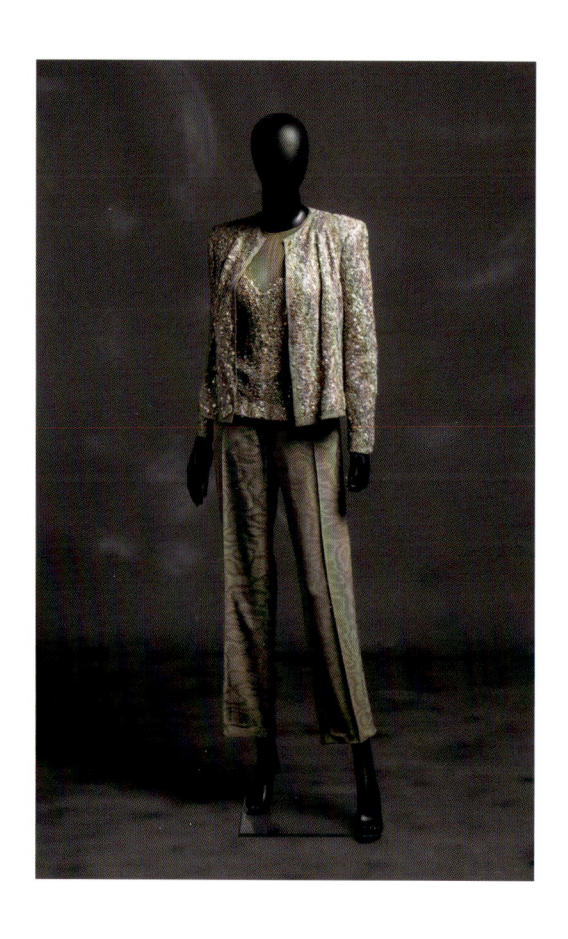

Dreiteiliges, olivfarbenes Ensemble bestehend aus Jacke, Top und Hose sowie alternativem Rock. Kurze, langärmelige Jacke aus Paillettenspitze, ohne Schließung. Ausschnitt, Saum und Kante mit aufwendigem Blendenabschluss. Top mit überschnittenen Ärmeln und Organzapasse am Ausschnitt, Dreiviertelärmel mit Paillettenspitze. Hose und Rock aus unifarbenem Moiré. 2002.

Leihgabe: Gertrud Ebel.

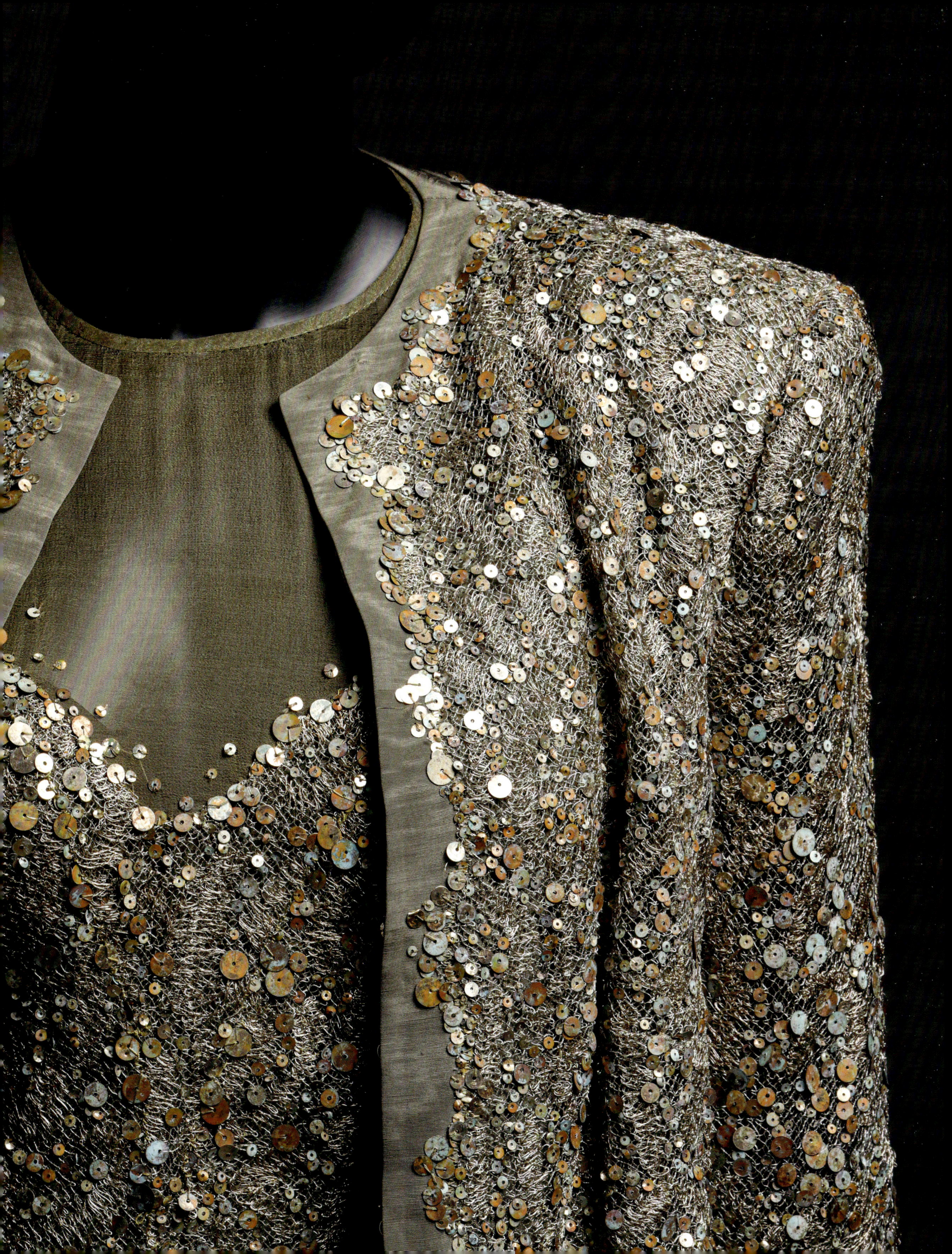

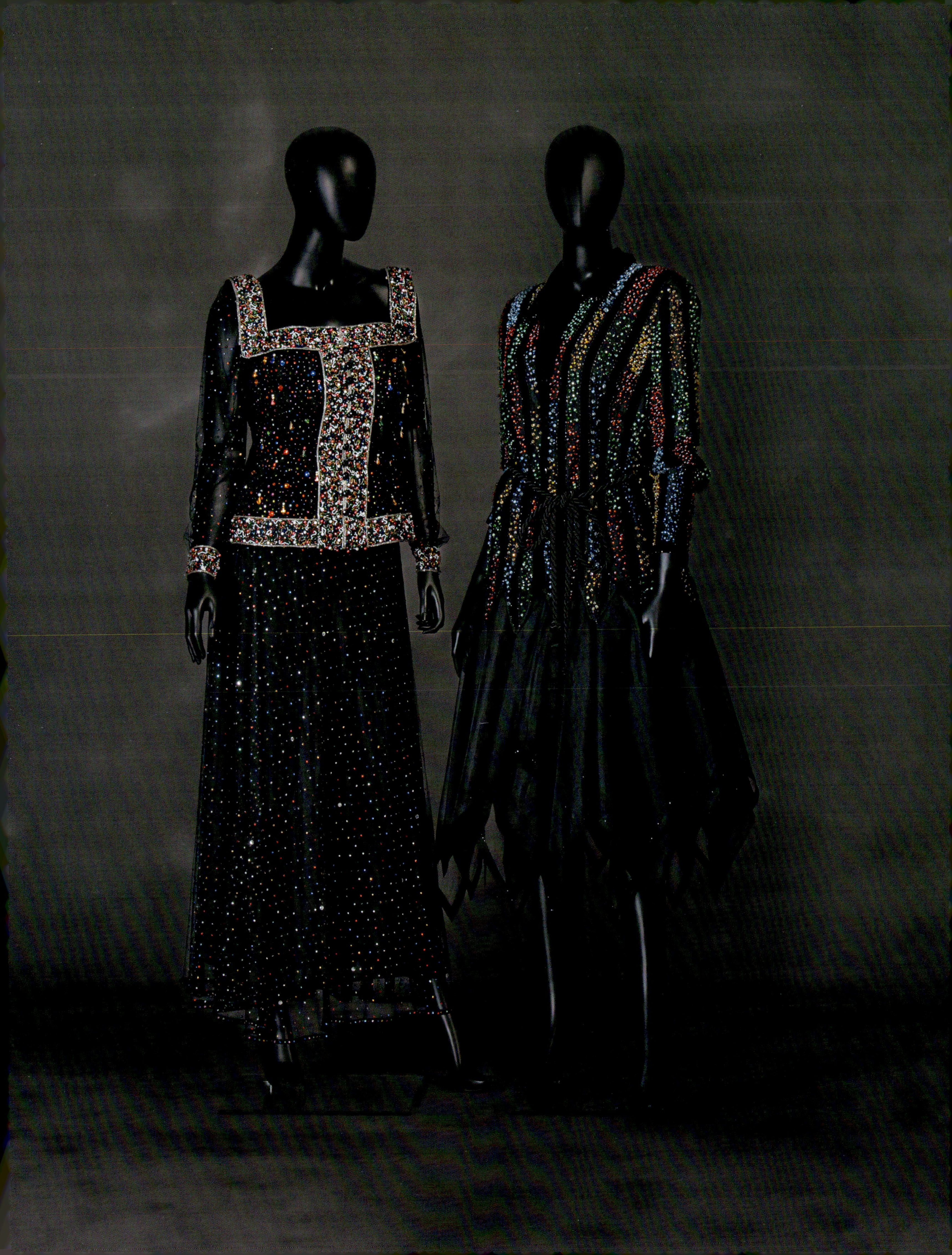

Rock und Ärmel aus schwarzem Tüll, Oberteil aus feinem Rips, mit vielfarbigen Strasssteinen und Rocailleperlen bestickt sowie mit vielfarbigem Bügelstrass verziert. Schräg geschnittener Rock. Eingefasster Saum mit bunt aufgebügelten Strasssteinen. Oberteil, langärmlig mit Manschette, bestickter Perlbordüre, zusätzlich mit aufgenähten kleinen Perlen und Tropfenperlen verziert. Viereckiger Ausschnitt. 1991.
Leihgabe: Gertrud Ebel.

Jacke und Rock. Oberteil aus Organza mit Samtstreifen. Die Organzastreifen sind mit Perlen bestickt und mit aufgebügelten vielfarbigen Swarovski-Steinen versehen. Vorne Jetknöpfe und Samtkragen. Oberteil in der Taille durch einen Kordelgürtel mit Quasten gehalten. Mehrlagiger Zipfelrock, unterer Abschluss mit an der Kante aufgebügelten schwarzen Swarovski-Steinen. 1992.
Leihgabe: Margot Müller, Würzburg.

Oberteil und Rock aus schwarzem Samttupfentüll, runder Halsabschluss. Mäßig weiter Tüllrock, langärmliges Oberteil mit schwarzem Perlengürtel, am Abschluss mit Perlenquasten. Der obere Halsausschnitt, Pässe sowie die gesamten Ärmel und der Tüllrock sind mit Swarovski-Steinen und aufgestickten Cabochons verziert. Der Rock hat zwei Unterröcke, einer davon aus festem Steiftüll, der andere aus Seidenorganza mit Satin eingefasst. 1987.
Leihgabe aus Privatbesitz.

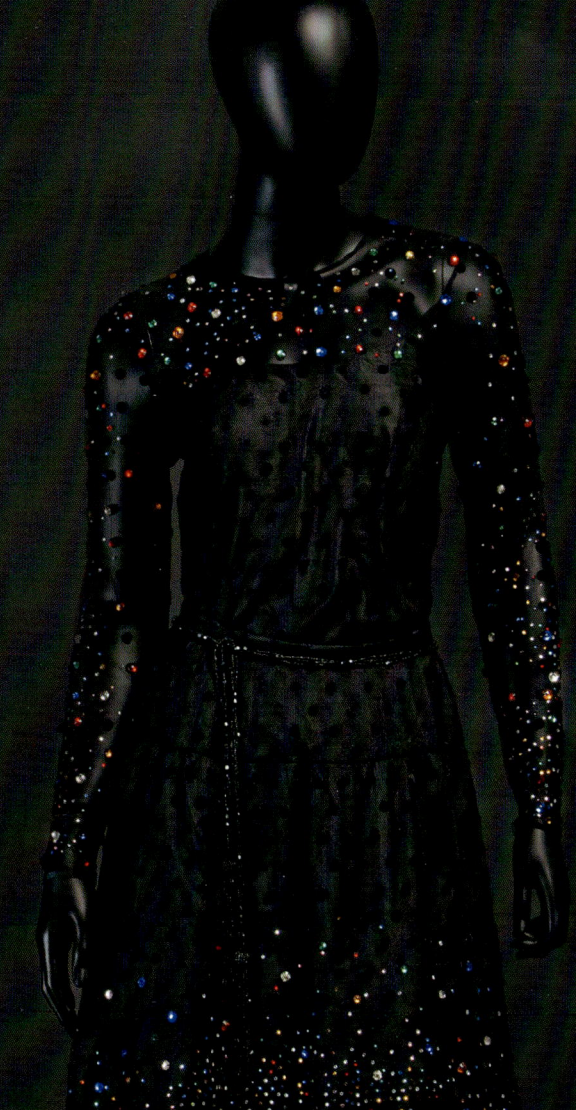

Schulterfreies Abendkleid, Ausschnitt mit
Nerz verbrämt. Schwarzer Samt mit Lurex-
paisleys bestickt und zusätzlich mit schwarzen
Bügelstrasssteinen akzentuiert. Rock hinten
mit Godetfalten ausgestaltet. 1990er Jahre.
Leihgabe: Ilse Felder, Düsseldorf.

Zwei Farbvarianten in Gelb und Schwarz. Unifarbene Abendkleider aus Kreppstoff mit unterschiedlichen Rockvarianten. Beide Oberteile drapiert. Gelbes Abendkleid als Bahnenrock ausgeführt, schwarzes Abendkleid mit schräg geschnittenem Rock. 1990er Jahre. Leihgabe aus Privatbesitz.

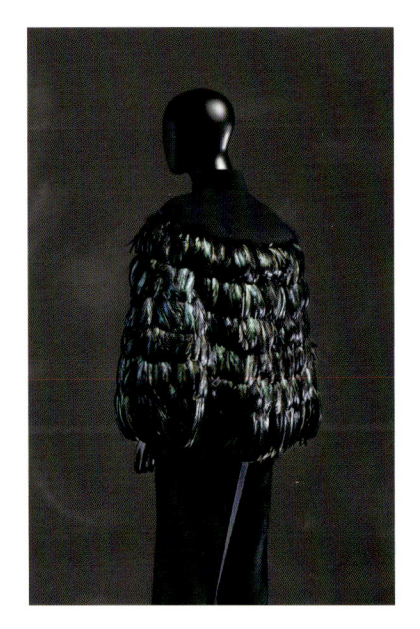

Wollsatin-Cape mit Stehkragen und Strassknöpfen. Vom Passenbereich bis zum Saum verziert mit sechsstufigen Volants aus Hahnenschlappenfeder-Girlanden. 2000.

Leihgabe: Gerlinde Bruns.

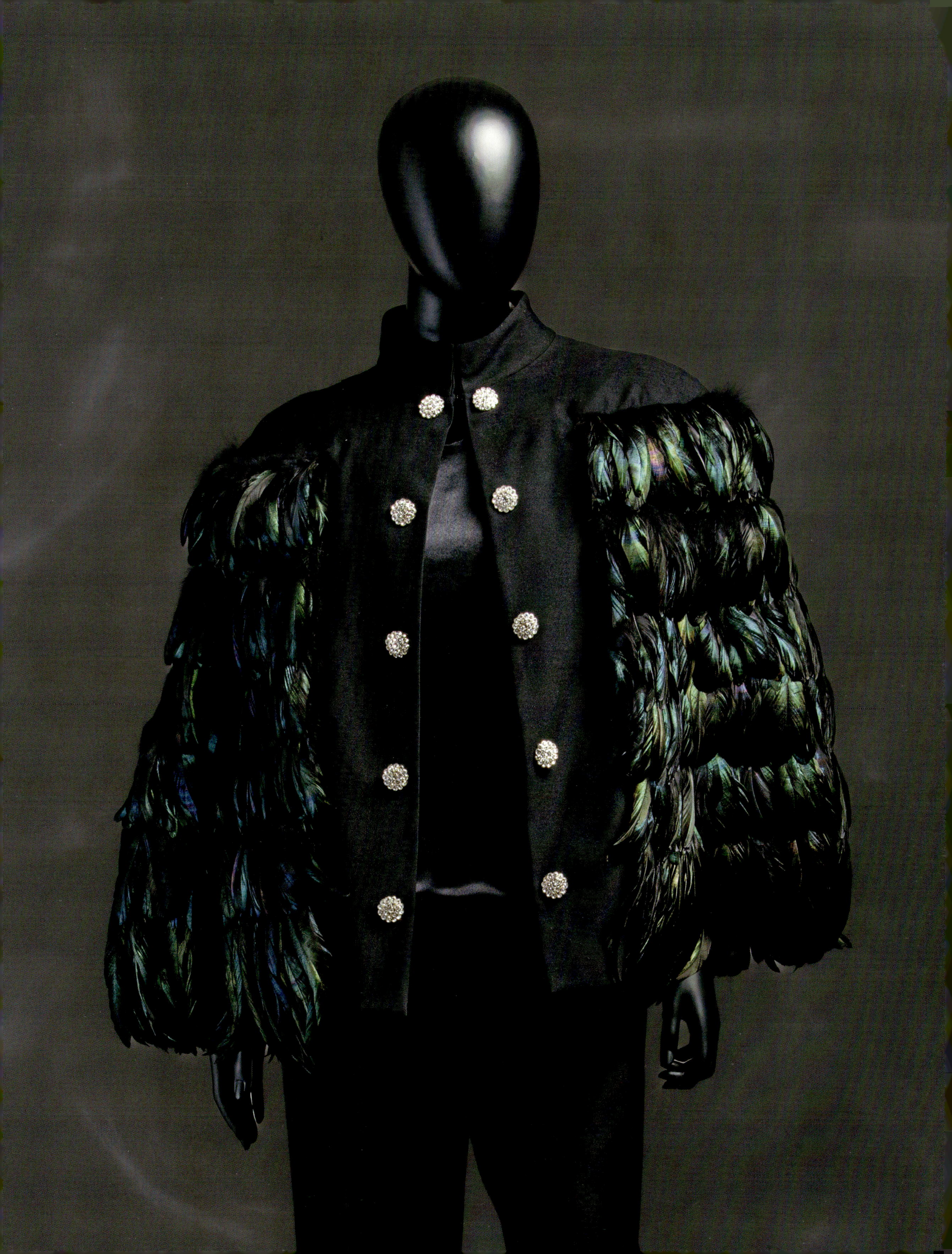

Schwarzes, wadenlanges Paillettenspitzenkleid mit Stehbündchen. Gerader langer Ärmel. Rock mit eingesetzten Plisseegodets aus feinem Chiffon. Kurzes schwarzes Unterkleid aus Seidentaft. 1994.
Leihgabe: Gerlinde Bruns.

Knielanges rotes Paillettenspitzenkleid mit Stehkragen und angesetztem Tellerrock. Spitze nachgestickt mit roten Perlen und Cabochons. 1993.
Leihgabe: Gerlinde Bruns.

Schwarzes Mantelkleid aus Samt mit applizierten Duchesseornamenten. Einfarbiger, schwarzer Samtkragen und Revers mit kleinen schwarzen Jetperlen besetzt. Durchgeknöpft mit schwarzen Jetknöpfen. Kleine Samtzierklappen. Beim Rückenteil und der Rückseite der Ärmel ist der Samt ausgeschnitten, die Ornamente wurden mit Tüll unterlegt. Im hinteren Rockteil ist bogenförmig ein Glockenteil eingesetzt. 1997.
Leihgabe: Ilse Felder, Düsseldorf.

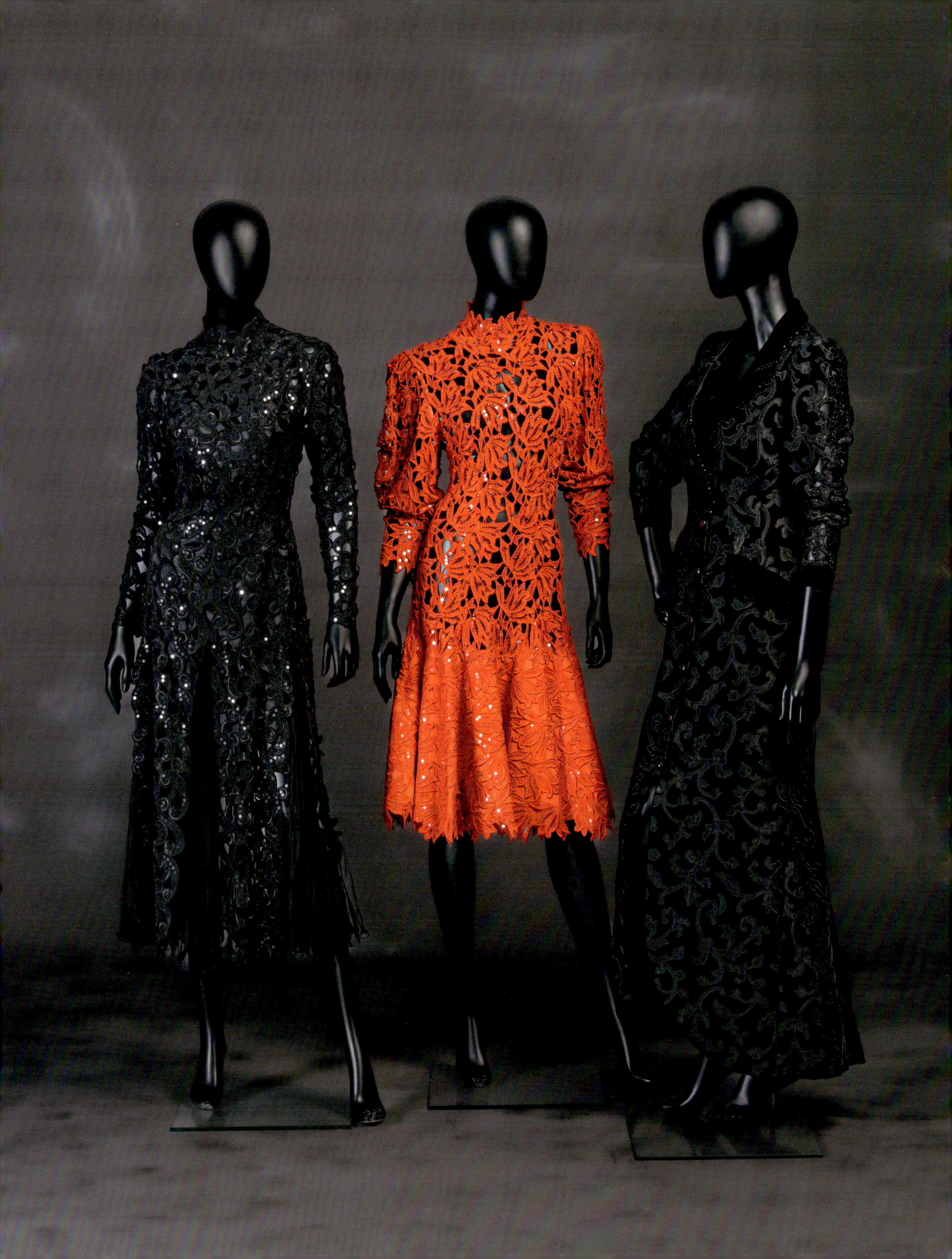

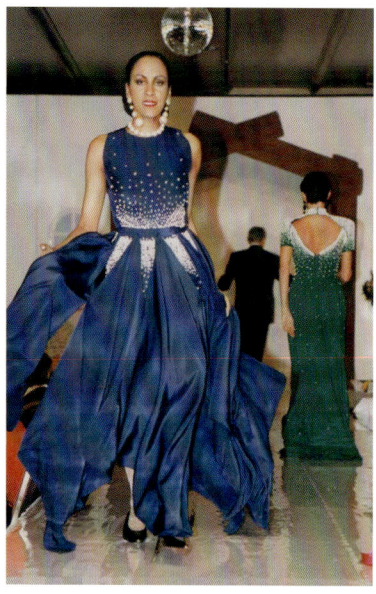

Bodyoberteil mit Rockvarianten, kurz und lang aus reiner Seide. Schwarzer Body mit weißen Perlen bestickt. Taille und Ärmel stark mit Perlen bestickt, dann auslaufend. Rückenteil des Bodys, Tüllausschnitt und Reißverschluss zusätzlich mit Perlen bestickt. Der Tüll ist mit handausgeschnittenen Blättern und Perlen verziert. Ausgestellter Zwölfbahnenrock, ebenfalls mit weißen, nach unten verlaufenden Perlenreihen bestickt. Taftunterrock mit Rüschen am Abschluss. Abendvariante durch ergänzenden langen Rock, der über dem kurzen Rock mit einem Gürtel befestigt wird. Der Gürtel ist mit zehn quadratischen, auf Spitze gesetzten Stoffstücken verziert. 1995.

Leihgabe: Karin Sammeck, Düsseldorf.

Weitere Variante als roter Hosenanzug. Hose mit weitem Schlag. Bodyoberteil als Blusen mit Kragen und weißem Revers ausgebildet. Rückenteil des Bodys, Tüllausschnitt mit strahlenförmigen Seidenstreifen vom unteren Rücken nach oben verjüngend, zusätzlich mit Perlen bestickt. Beide Teile reichhaltig mit kleinen weißen Perlen bestickt, die beim Oberteil von der Taille nach oben, bei der Hose von der Taille nach unten auslaufen. 1995.

Leihgabe: Katharina Löring, Köln.

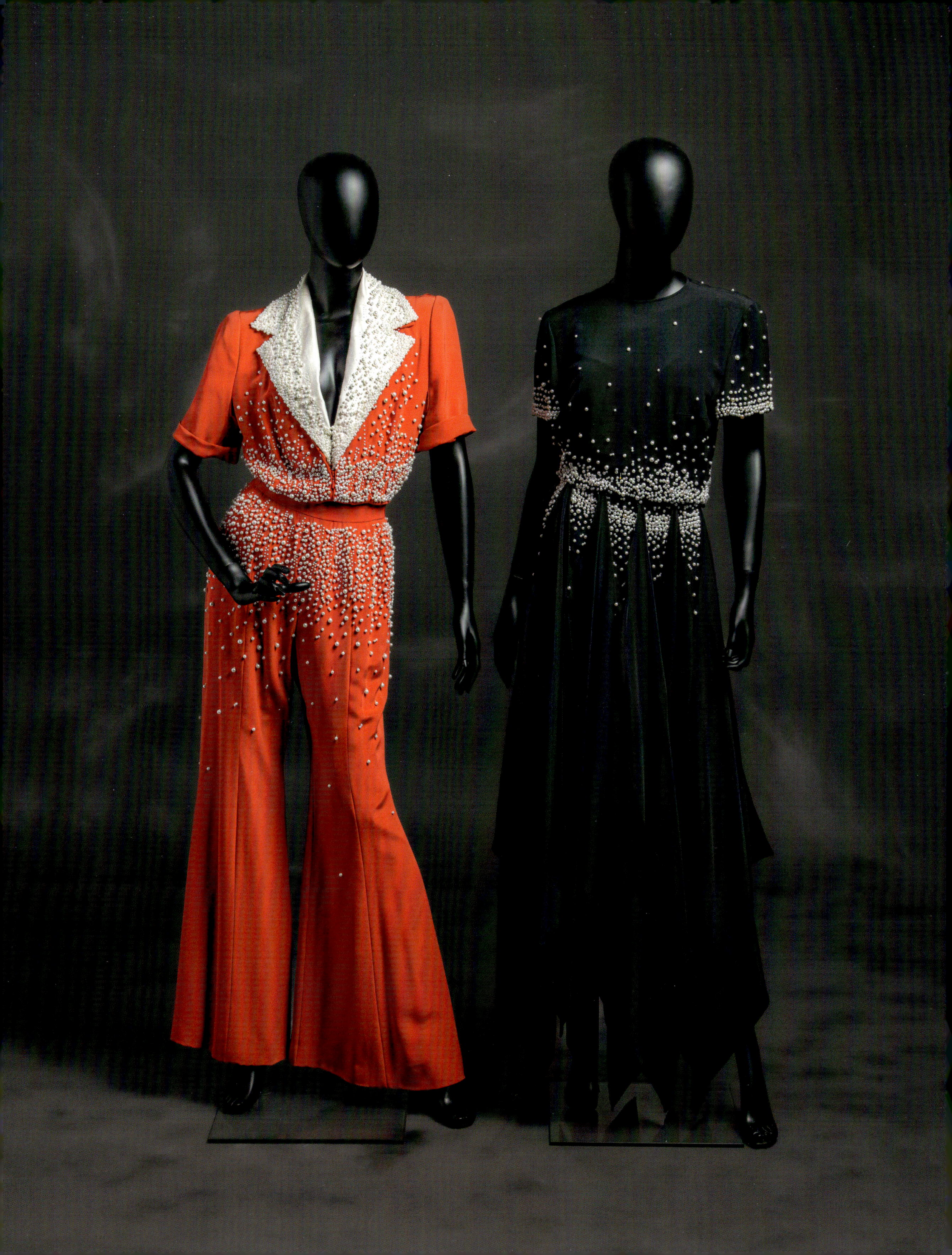

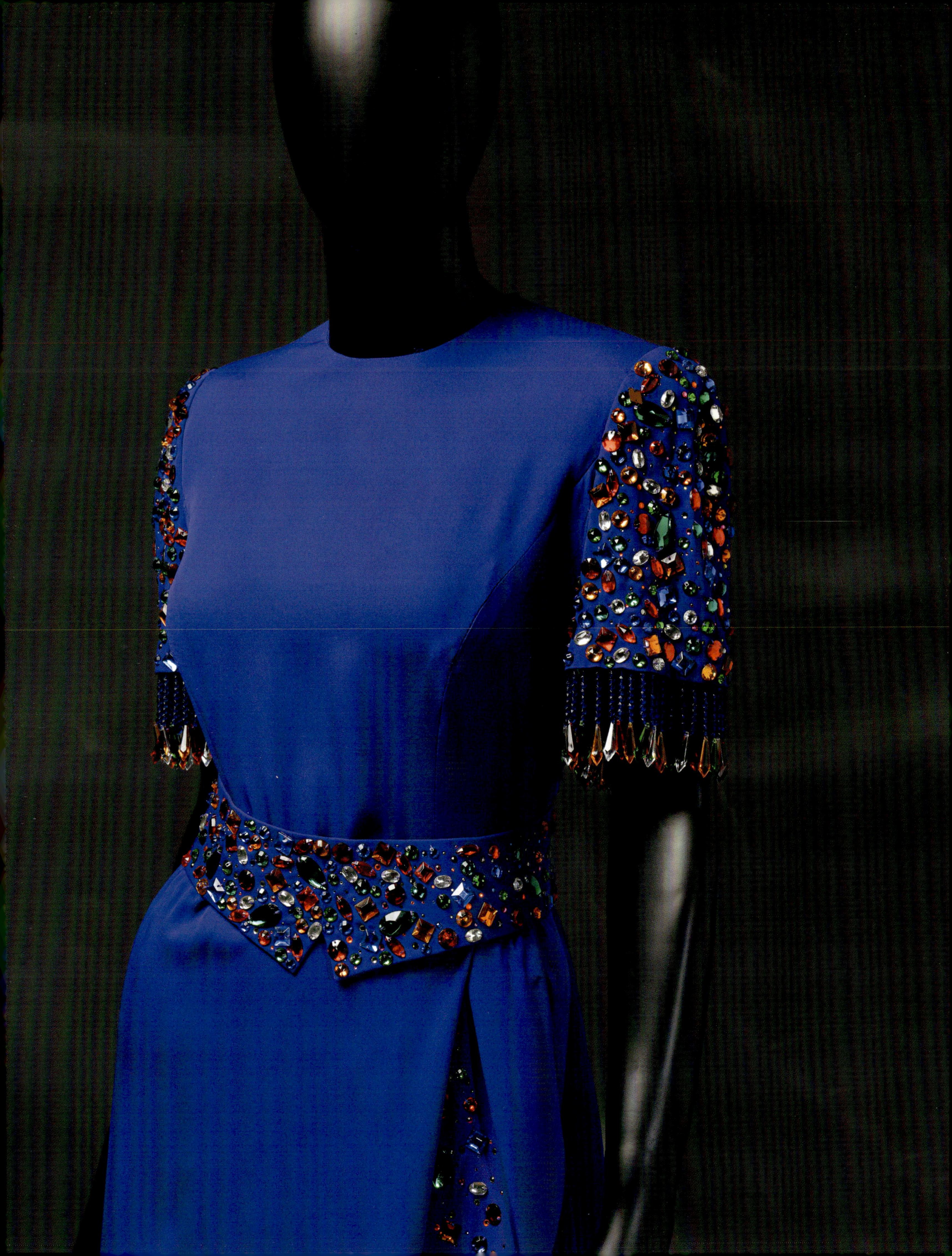

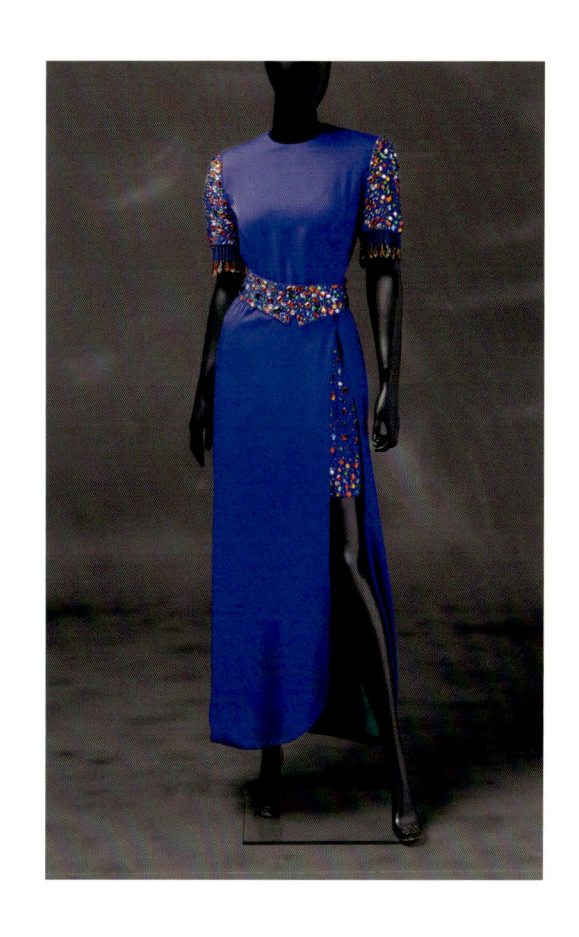

Mattes Satin-Abendkleid in Lila, bestehend aus Oberteil, engem kurzem Rock sowie einem langen Wickelüberrock. Polychrom mit Strasssteinen in unterschiedlichen Edelsteinschliffen bestickt und durch feinen Bügelstrass verstärkt. Ärmelabschluss mit aufgezogenen Perlen und tropfenförmig facettierten Strasssteinen als zusätzliche Verzierung. Kurzer Rock vielfarbig mit gleichen Strasssteinen bestickt. Langer Rock, rückwärtig mittiger Schlitz, mit grünem Seidenpongé abgefüttert. 1993.

Leihgabe: Blanca Voss, Hagen.

Abendkleid aus grün-orange changierendem Goldlamé, geraffte Korsage und enger Rock mit Gehschlitz hinten sowie eingekräuseltem weitem Überrock. Der schleppenlange Überrock ist in der rückwärtigen Mitte an einem Halssteg befestigt, sodass er zum luftigen Umhang wird. Die bauschigen, abnehmbaren Ärmel sind zusätzlich mit kleinen Glasperlen verziert, wodurch die changierende Musterung des Goldlamés hervorgehoben wird. 1987.

Leihgabe: Jutta Dammertz, Kempen.

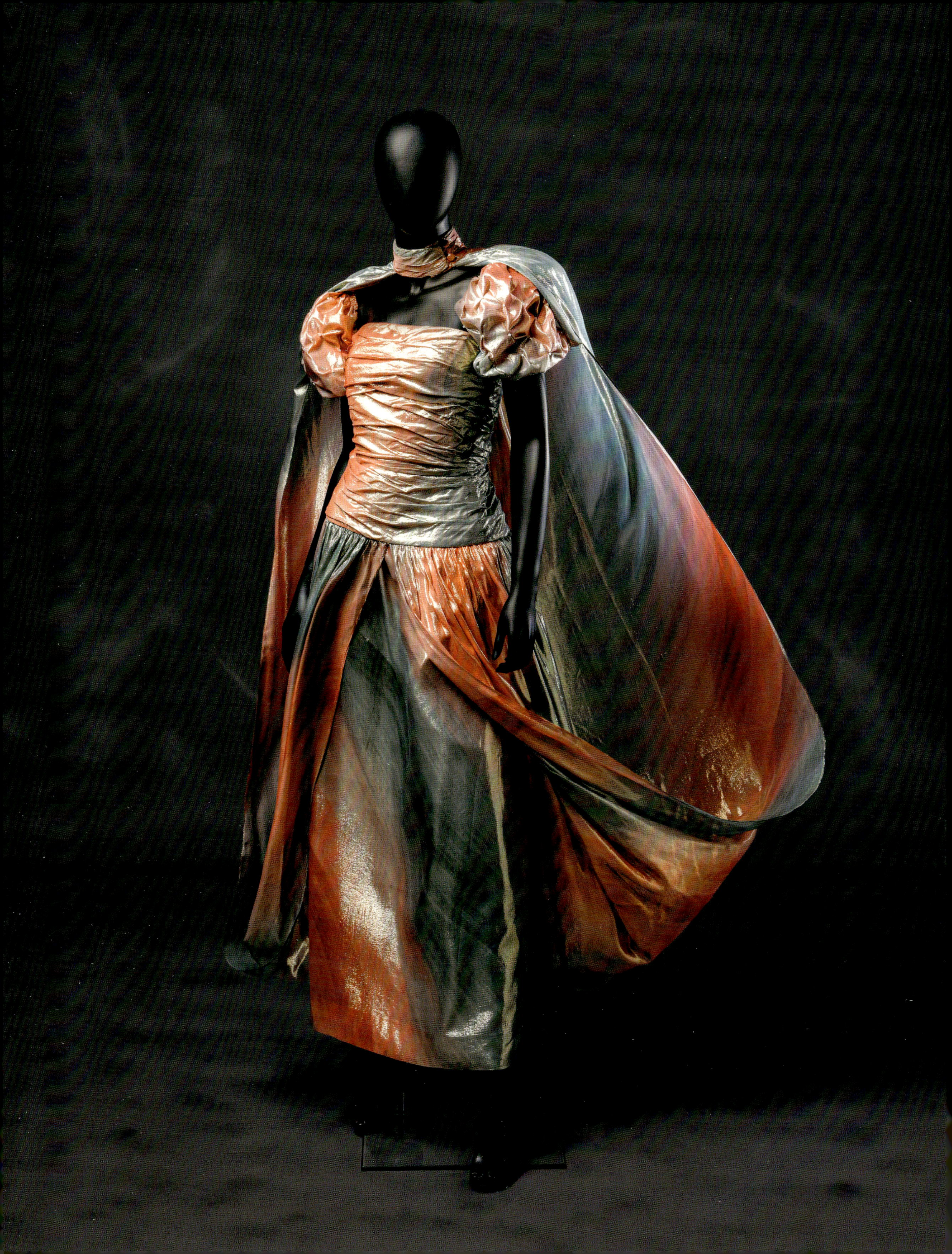

Kurzes Paillettenkleid mit zusätzlich aufknöpfbarem langem Überrock. Die transparenten Pailletten über goldbraunem Lurexgewebe. Überrock als farblich passender changierender Seidenrips von Fabric Frontline. Großzügig geschnittener Bahnenrock mit eingelegten Falten am Bund. Saumabschluss auf Watte gesteppt. Zusätzlich paillettenbezogener Gürtel. Vorne Raute, hinten Schleife. Kurzes Kleid mit überschnittener Schulter. Rock zweistufig ausgeführt. 1990er Jahre.

Leihgabe: Helga Klein, Hagen.

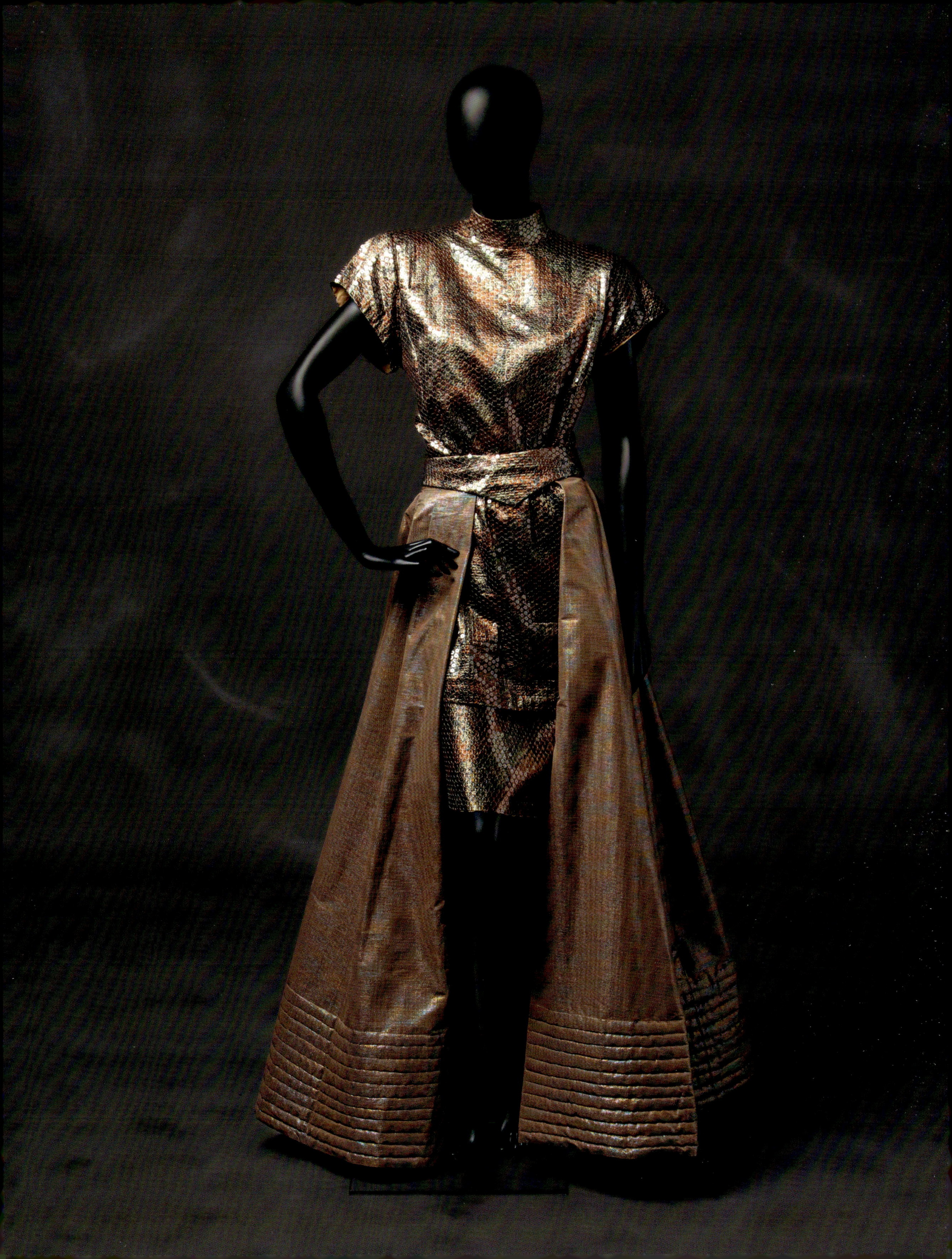

Silber-schwarzblaukarierter Lurex-Rock mit Bluse. Abgenähter knielanger Faltenrock mit doppelreihiger, langärmeliger Hemdbluse im Vorderteil und abgenähten Falten. Hinten Faltenpasse. Hemdblusenärmel an Schulter mit eingelegten Falten. Bortenabschluss an der Bluse. Kristallknöpfe. 1986.

Silber-goldgetupftes Lurexensemble, bestehend aus knielangem Rock und langärmeliger Bluse. Doppelrock, Überrock mit eingelegten Falten. Oberteil im Hemdblusenstil mit aufgesetzten Passentaschen. Hemdblusenärmel, oben gekräuselt. Silbrige Stiftperlenknöpfe. 1990.

Leihgaben aus Privatbesitz.

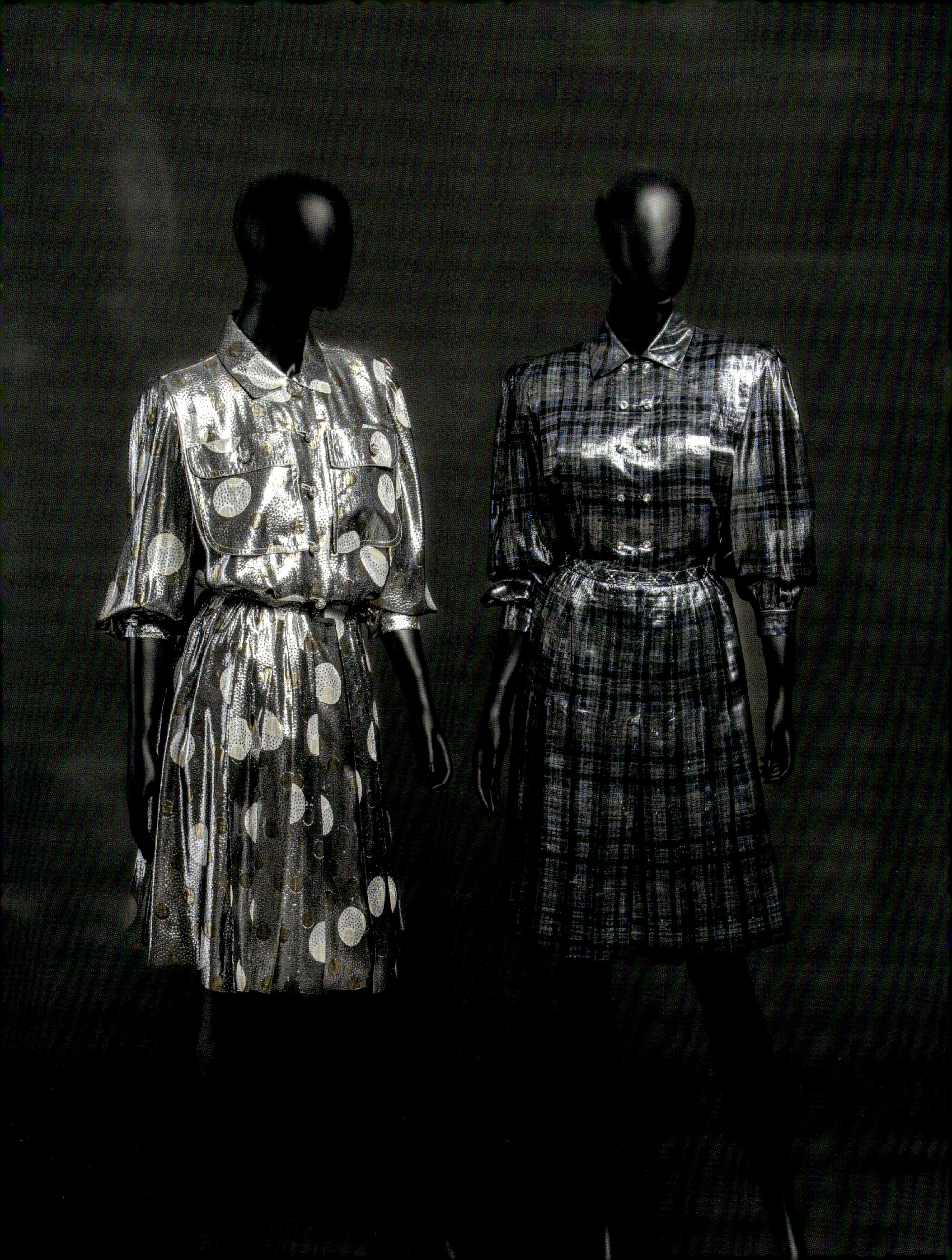

Bluse und langer Rock aus Seide. Rock in der Taille in dicht beieinander liegenden kleinen Falten bis zur Hüfte als Passe abgenäht. Oberteil vorne mit handbezogenen Knöpfen durchgeknöpft, kurze Raglanärmel, am Halsausschnitt eingekräuselt, mit doppellagigem weißem Bubikragen, türkis eingefasst. Türkisfarbige und weiße Streifen auf weißem Grund. Formgürtel aus demselben Stoff. 1970er Jahre.

Leihgabe aus Privatbesitz.

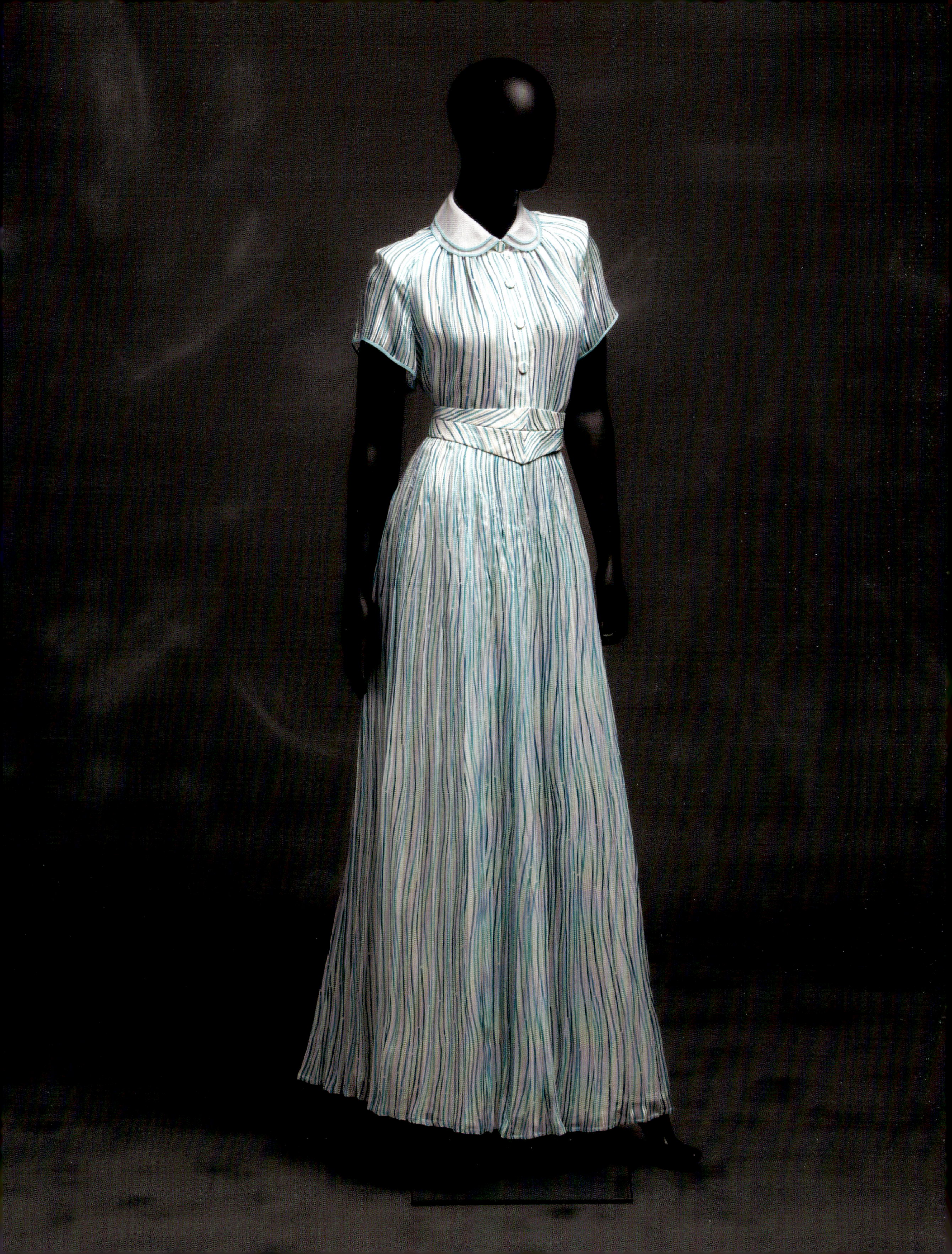

Langer Volantrock mit dazugehörigem Capeoberteil aus gleichen Volants, die aus 15 Zentimeter breiter farbiger Blumenspitze zusammengesetzt sind. Oberteil mit hohem Steg, hinten mit Schnüren zusammengehalten. 1970er Jahre.

Leihgabe aus Privatbesitz.

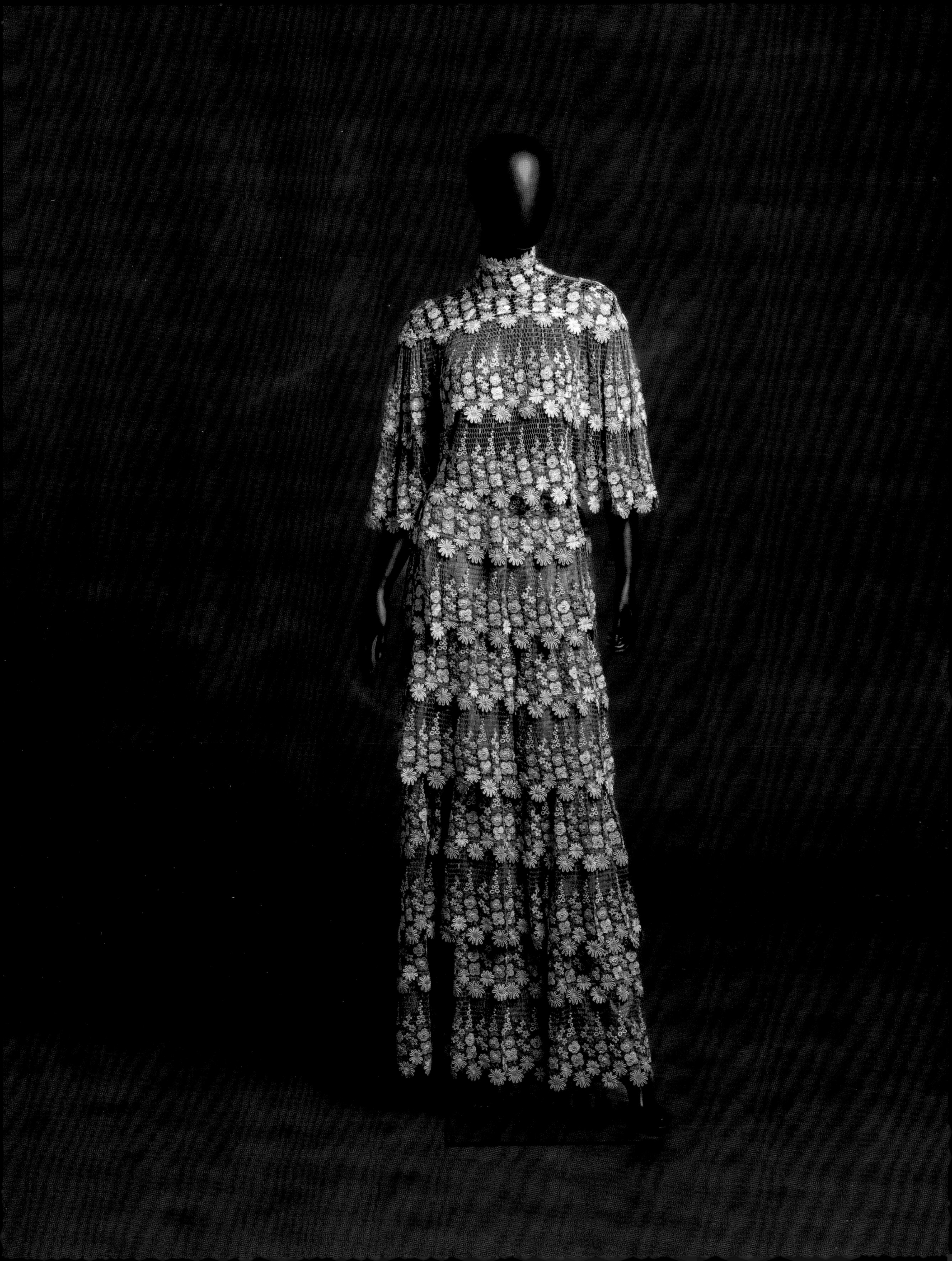

Organza-Abendkleid mit drapierter zweifarbiger Korsage in Rot und Weiß. Asymmetrischer Rock, neunlagige Rüsche, vorne kurz, hinten lang. In Hüfthöhe mit aufgestickten Mistelzweigen verziert. 1993.
Leihgabe: Helga Klein, Hagen.

Langes Abendkleid, grün mit transparent belegter Pailletten-
lochspitze. Gerade geschnitten. Oberteil mit einem nach hinten
laufenden Schößchen aus Lochspitze. Hinten ein einfarbiges
passendes, bodenlanges, separates Wildseidenrockteil in
gleichem Farbton. Lange gerade Ärmel, runder Halsausschnitt
und mit Spitze bezogener Formgürtel. 1990er Jahre.
Leihgabe: Ute Eggeling, Dortmund.

Gelblichgrünes langes Abendkleid aus Shantungseide im Empirestil. Oberteil bestickt mit unverzwirntem Seidenfaden in Plattstich sowie mit Strasssteinen und Rocailleperlen in verschiedenen Grüntönen. Vorderteil besonders akzentuiert und in Taillenhöhe mit einer gleichfarbigen Schleife betont. Ende 1950er Jahre. Leihgabe: Ilse Felder, Düsseldorf.

Senfgelbes Cocktailkleid aus Wolle und Seide. Oberteil ärmellos, komplett gleichfarbig mit senfgelber Spitze belegt; mit bernsteinfarbigen, kleinen, tropfenförmigen Perlen in Blütenform arrangiert bestickt. Beim Spitzenabschluss in der Taille wurde die Spitze ausgeschnitten und bogenförmig appliziert. Der Rock ist an der Taille leicht in Falten gelegt. Der Taftunterrock ist mit einer Spitzenkante am Abschluss versäubert. 1963.

Leihgabe: Christa Schulte, Hagen.

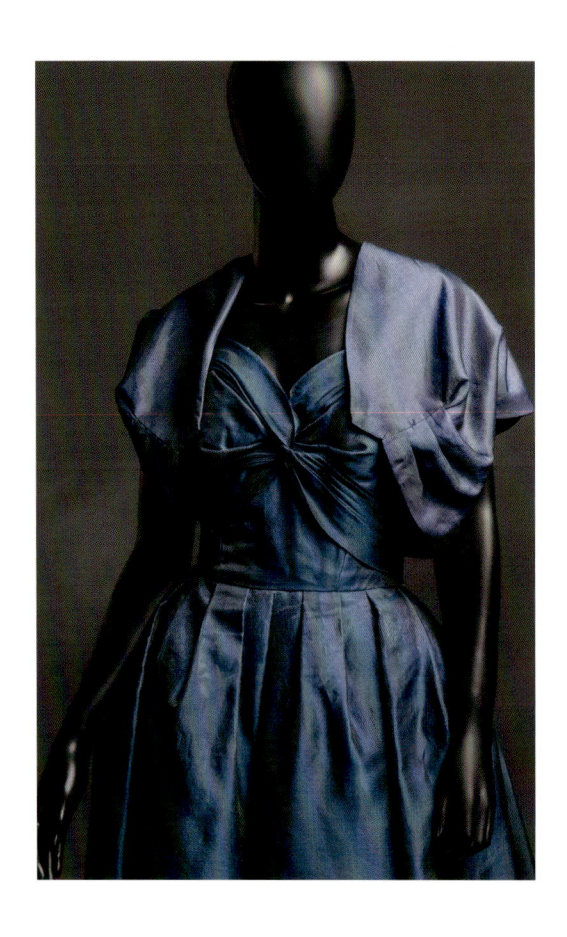

Cocktailkleid aus marineblauem Seidenorganza mit Bolero im Stil des „New Look". Üppig eingelegter Faltenrock auf Taft gefüttert. Drapierte Korsage mit losen Ecken. Enge Taillierung. Gleichfarbiger Bolero mit angeschnittenen Kimonoärmeln. Vom Brustabnäher an in Falten gelegt. 1950er Jahre.

Leihgabe: Ilse Felder, Düsseldorf.

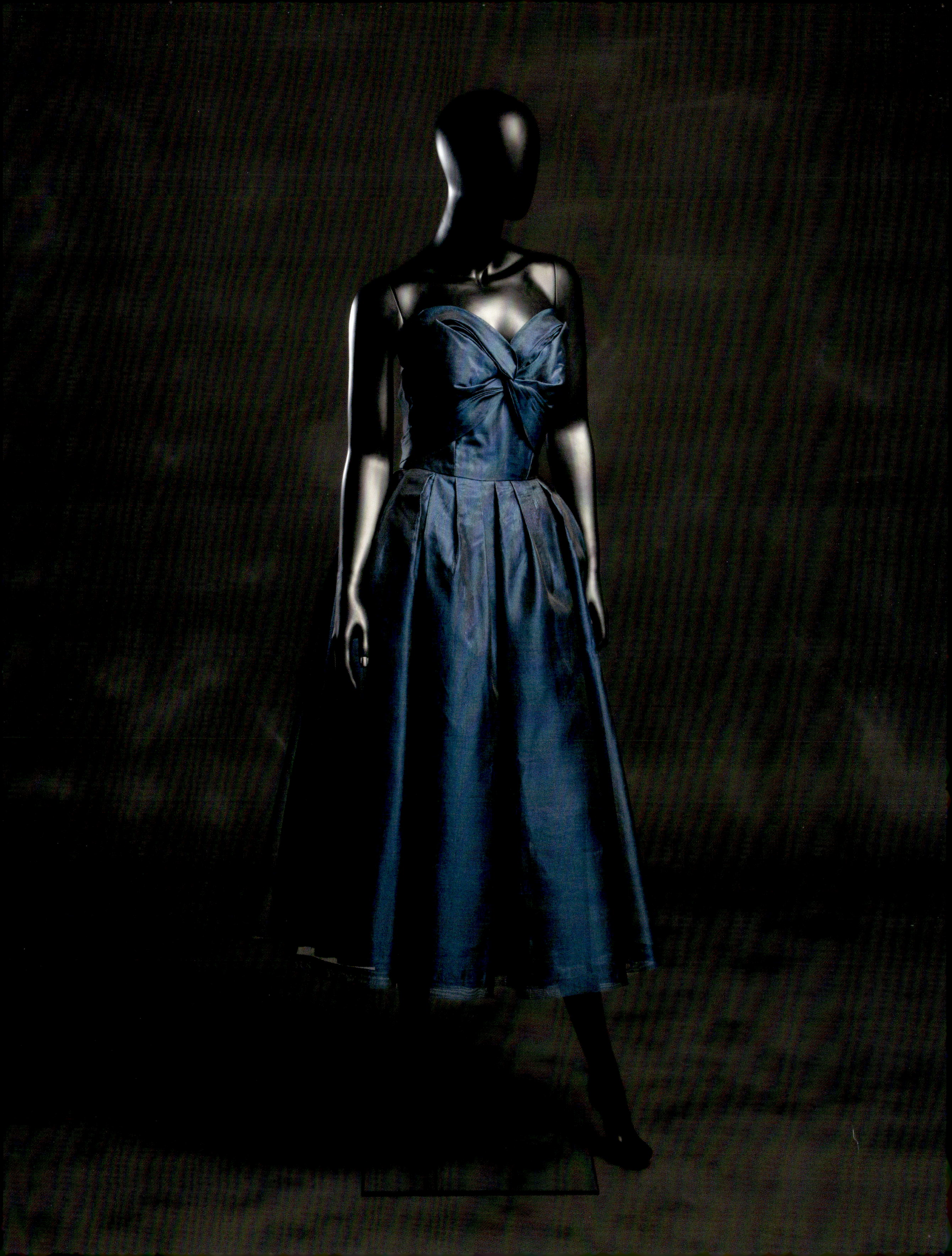

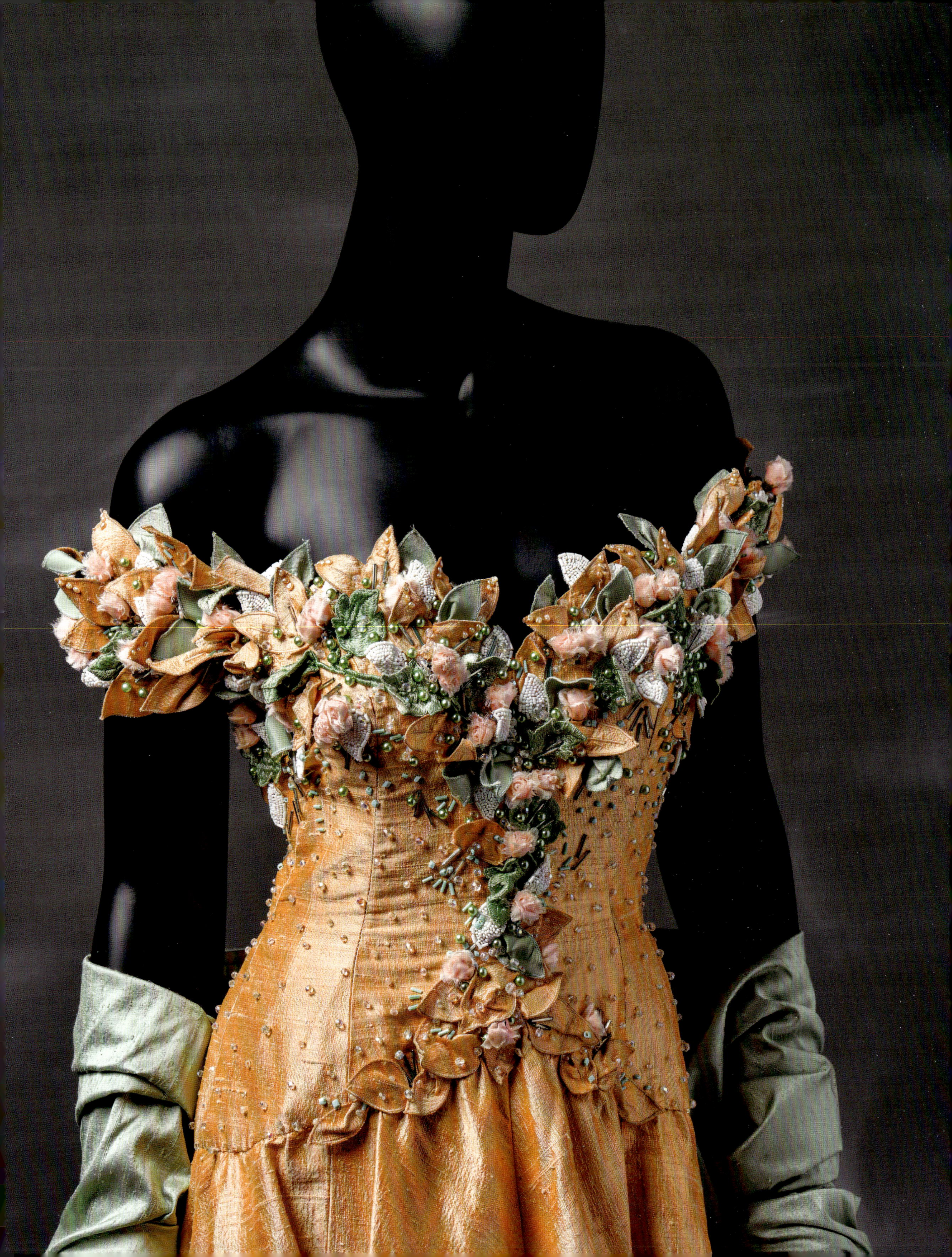

Schulterfreies Abendkleid aus Shantungseide, lachsfarben, lindgrün. Mit breiten Außenträgern, die mit handgefertigten Blütenblättern verziert sind, diese zusätzlich abwechselnd mit unverzwirnter Seide im Plattstich, mit Stäbchen und Rocailleperlen reich bestickt. Vorne kurz, hinten lang ausgeführt. Sichtbar lindfarben unterfüttert. Passendes lindfarbenes Schultertuch. 1990.

Leihgabe: Jutta Dammertz, Kempen.

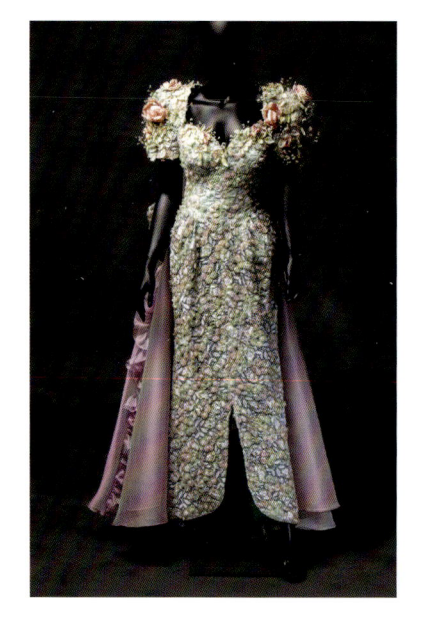

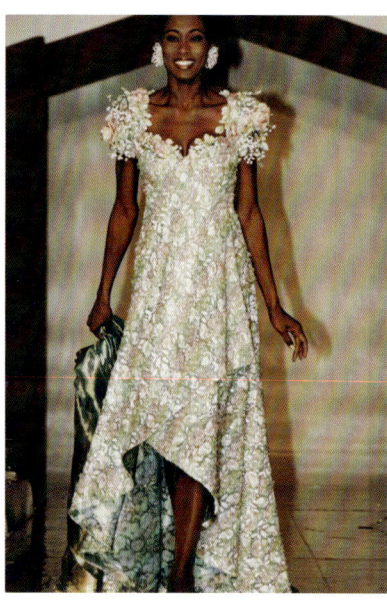

Pastellfarbenes Abendkleid mit Paillettenspitze über feinem hellgrünem Tüll – blass rosafarbene und blassgrüne Rosenblüten und Perlmuttpailletten arabesk mit grünem Faden über die weiße Spitze mit Blätterrankenmotiv gestickt. Tiefes Dekolleté mit kurzem Ärmel, ebenso wie der Halsausschnitt mit applizierten Blütenzweigen und Blättern. Hinten abnehmbarer glockig fallender Überrock aus pastellfarbenem Organza in blassem Grün und Lila. Als Abschluss der farbigen Bahnen jeweils ein Rüschenvolant. Den Abschluss am unteren Rücken in Höhe der Taille bildet eine großzügige Spitzenschleife in gleicher Art des Kleides. Vorne abgerundeter Schlitz. 1995.

Leihgabe: Katharina Löring, Köln.

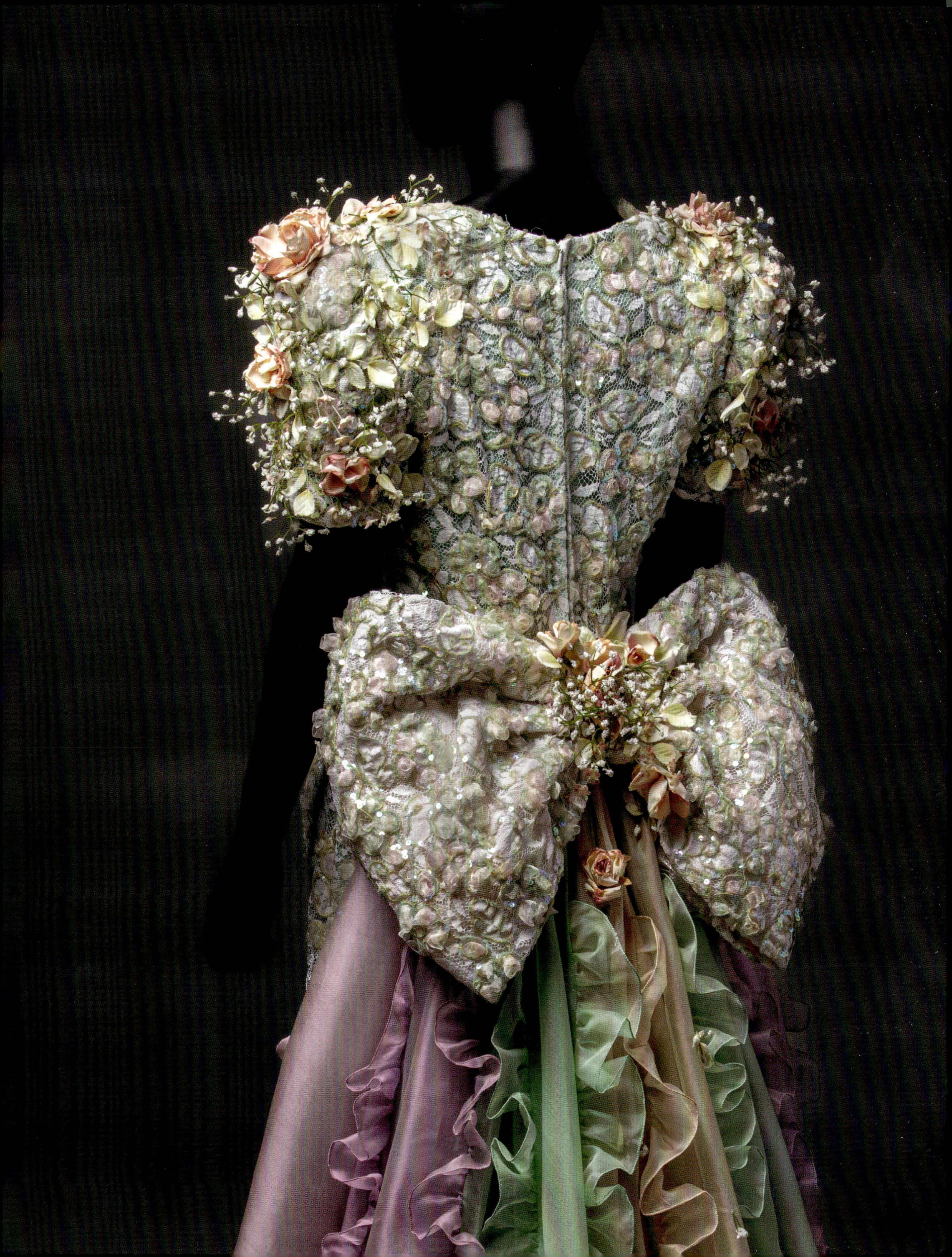

Schwarzes Abendkleid, bedruckter Samtstoff. Samt mit bespritzten Lacktupfen. Ärmel aus Blüten und Federn. Bestickt mit schwarzen Lackblättern und Stiftperlen. Schwarzer Samtformgürtel bestickt mit schwarzen Lackblüten, Stiftperlen und Jetsteinen. 1980er Jahre.

Leihgabe: Eva Rennert, Haan.

Blauschwarzgemustertes Abendkleid mit Korsage und abnehmbaren gebauschten Ärmeln. Duchesse in Blau mit Samtprint. Rock mit eingelegten Quetschfalten. Korsage verziert mit ausgeschnitten Blättern aus Stoff und Samt. Auch die gebauschten Ärmel sind mit Blättern verziert. 1980er Jahre.

Leihgabe: Jutta Dammertz, Kempen.

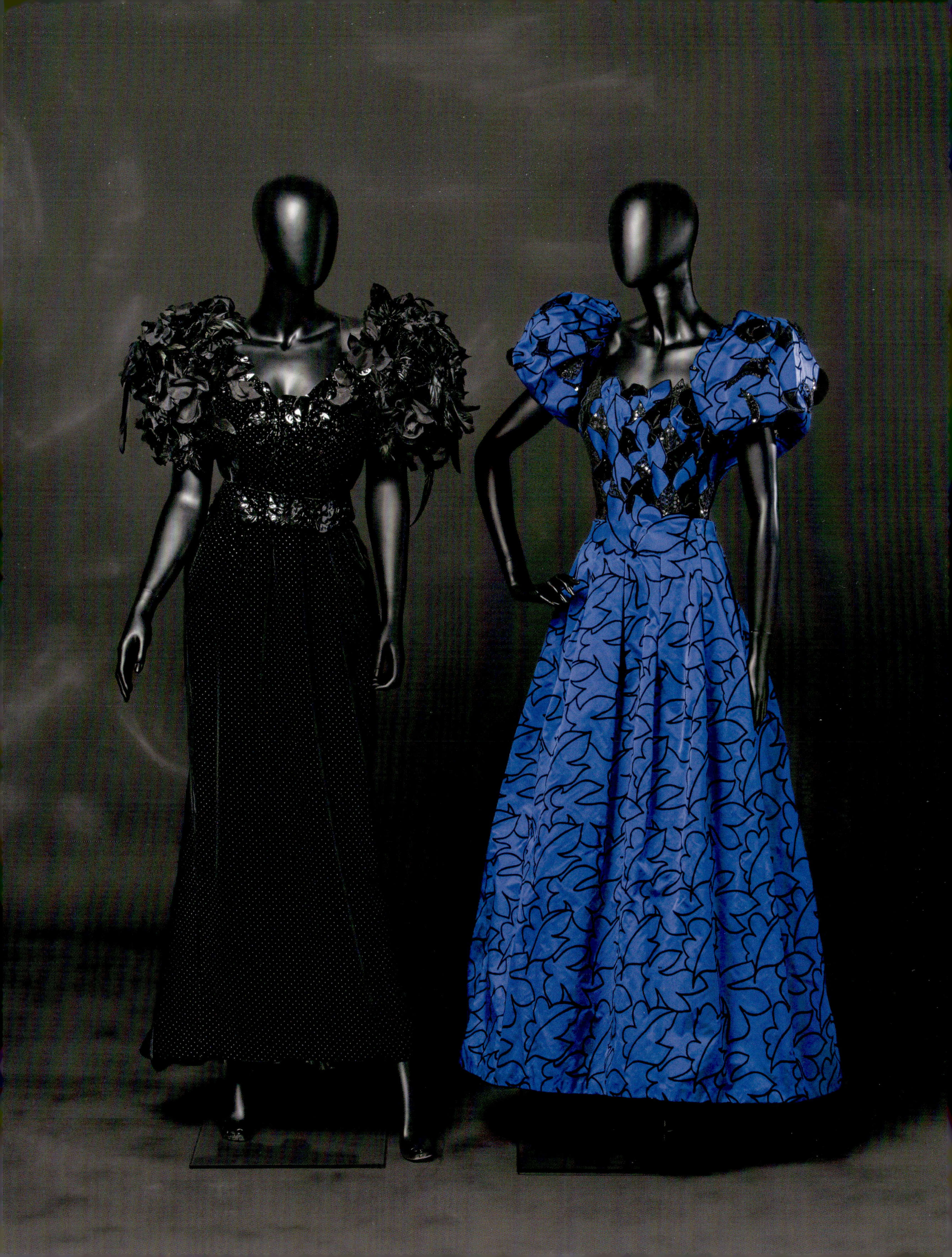

Eng anliegendes langes Abendkleid in blassem Lila. Ausschnitt und Vorderteil mit Borte aus Perlen, Glasstiften und Strass verziert. Crêpe drapiert, Oberteil mit Perlen und Glasstiften bestickt. Kurzer Arm verziert mit handgefertigten Organzablättern, mit Bügelperlen und -strass verziert, zusätzlich mit lila Hahnenschlappen versehen. In Höhe der Knie angesetzter Glockenrock im Meerjungfrauenstil. 1990er Jahre.

Leihgabe: Katharina Löring, Köln.

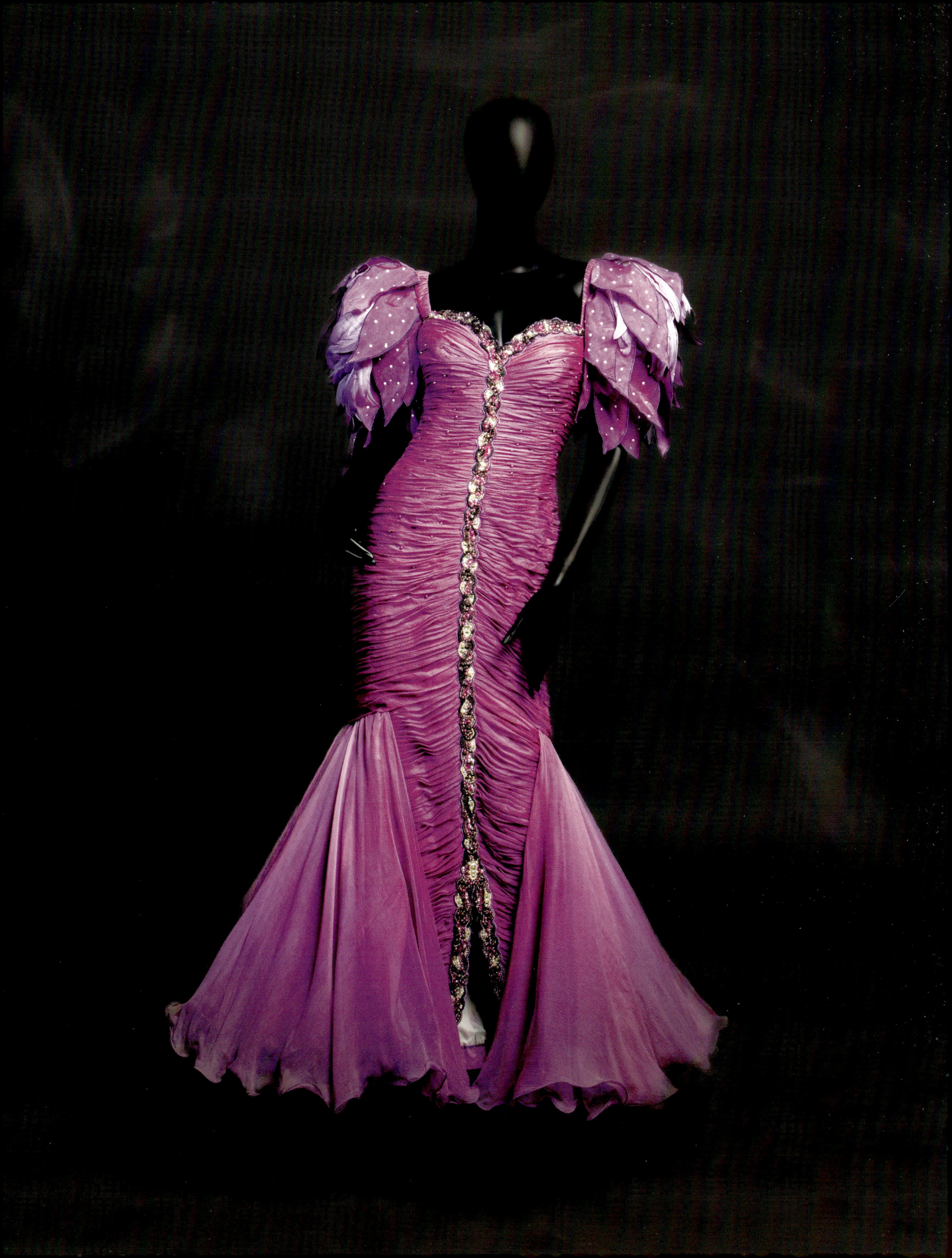

Blautürkisfarbenes drapiertes, eng geschnittenes Crêpe de Chine-Abendkleid. Breiter Dachkragen mit dreiviertellangen, ebenfalls drapierten Ärmeln. Schräg verlaufender schleppenartiger Glockenrock im Meerjungfrauenstil, seitlich in Höhe der Knie, hinten am unteren Rücken angesetzt. Von der Mitte hinten auslaufend bis zur vorderen Mitte, Rockabschluss aus Satin. Interessanter Kontrast durch den gleichfarbigen, aber unterschiedlich verarbeiteten Stoff. 1988.

Leihgabe: Katharina Löring, Köln.

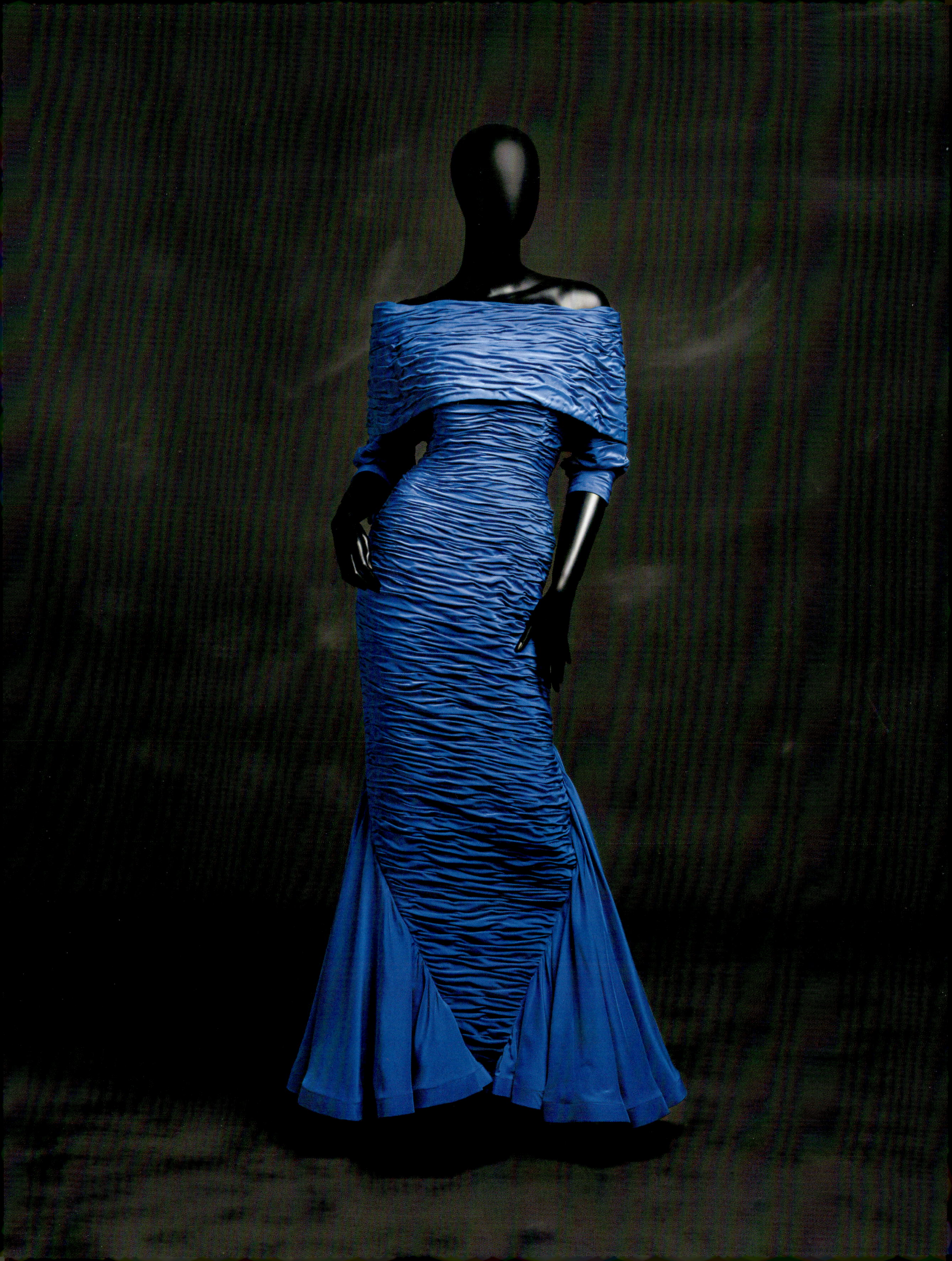

Eng anliegendes Abendkleid. Weiße Spitze mit floralem Muster und kleinen schwarzen zu Röschen gelegten Bändchenapplikationen, zusätzlich bestickt mit Blattornamenten aus cremefarbenen Pailletten und am Oberkörper mit schwarzen Pailletten, silbrig hinterlegten klaren Strasssteinen sowie Blatt- und Blütenornamenten aus weißen Rocailleperlen und Perlen sowie Blattornamenten aus schwarzen Pailletten detailreich akzentuiert. Ärmel aus weiß und schwarz eingefärbten Hahnenschlappen. Großes Dekolleté. Silhouette im Meerjungfrauenstil ausgebildet, mit einem in Höhe der Knie angesetzten rundherum jedoch gleichmäßig, glockenförmig ausgestelltem Rock. 1989. Variante in Schwarz.

Leihgabe: Katharina Löring, Köln.

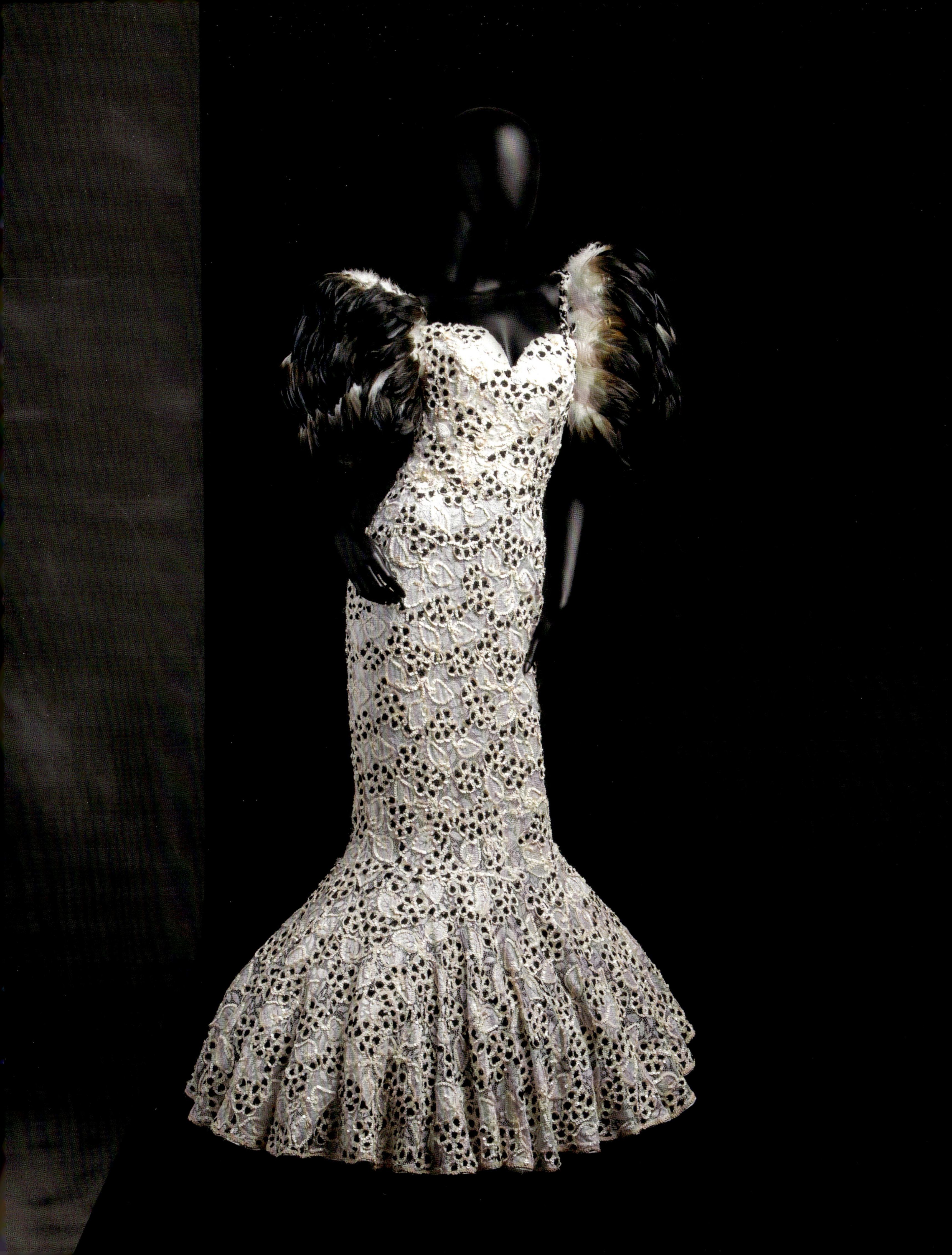

Cremefarbenes Abendkleid, aus 80 Zentimeter breiter Perlblütenspitze auf Tüll. Überschnittene Schulter und angesetzte Perlstränge als Ärmel in gleicher Farbe. Eng geschnitten. 2002.

Leihgabe aus Privatbesitz.

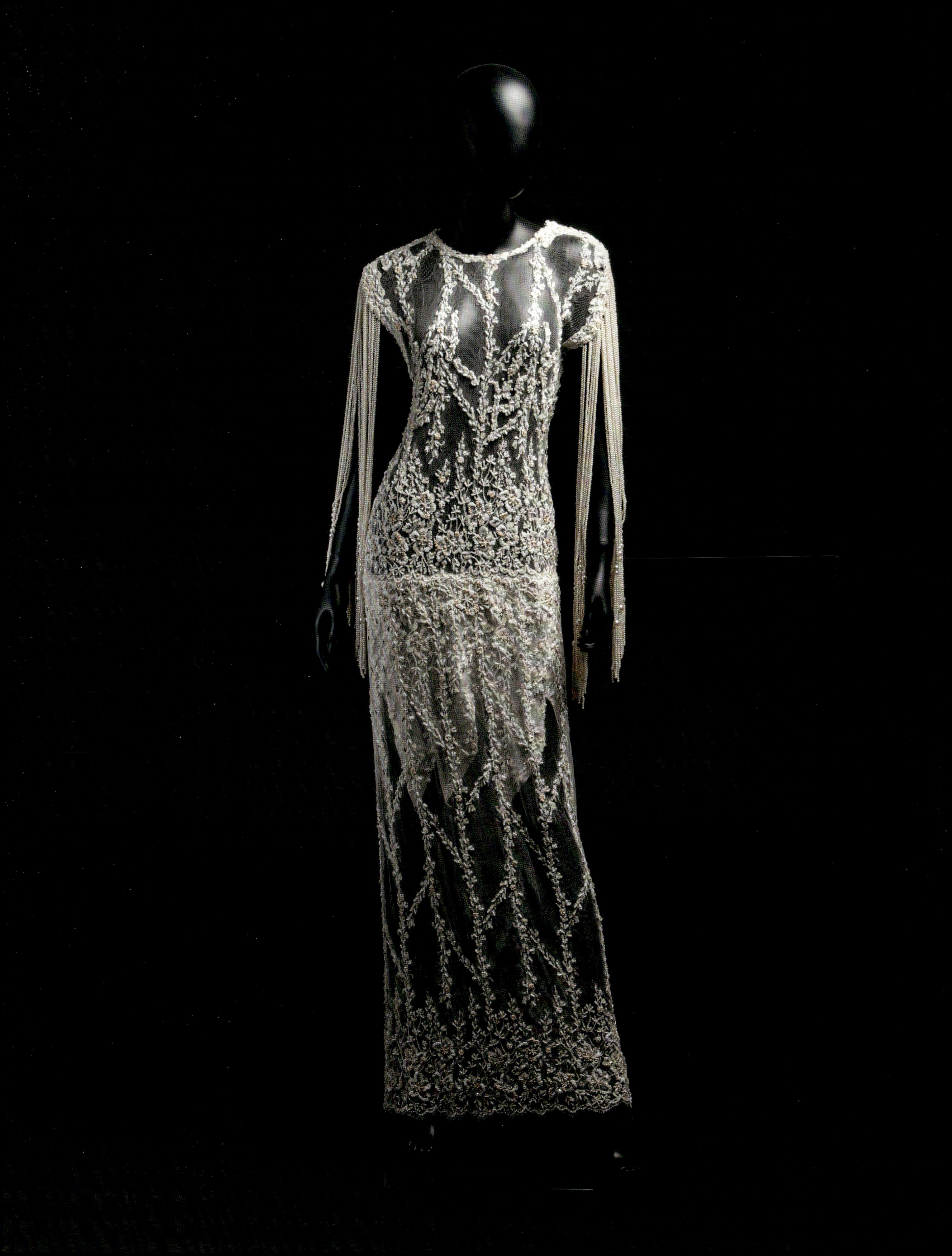

Langes Abendkleid. Schwarze Spitze auf Seidentüll mit schwarzen Stiftperlen und Pailletten bestickt. Großer Ausschnitt mit überschnittener Schulter. Schwarzer Seidentülleinsatz hoch geschnitten und Ärmel aus Seidentüll. Ärmel mit Motiven aus Spitze verziert und mit schwarzen Perlen bestickt. Der Schulterbereich und der untere Rockbereich sind mit schwarzen Hahnenschlappenblinkern verziert, die aus der Silhouette des Kleides hervorragen und ausbrechen. Um 2000.

Leihgabe: Katharina Löring, Köln.

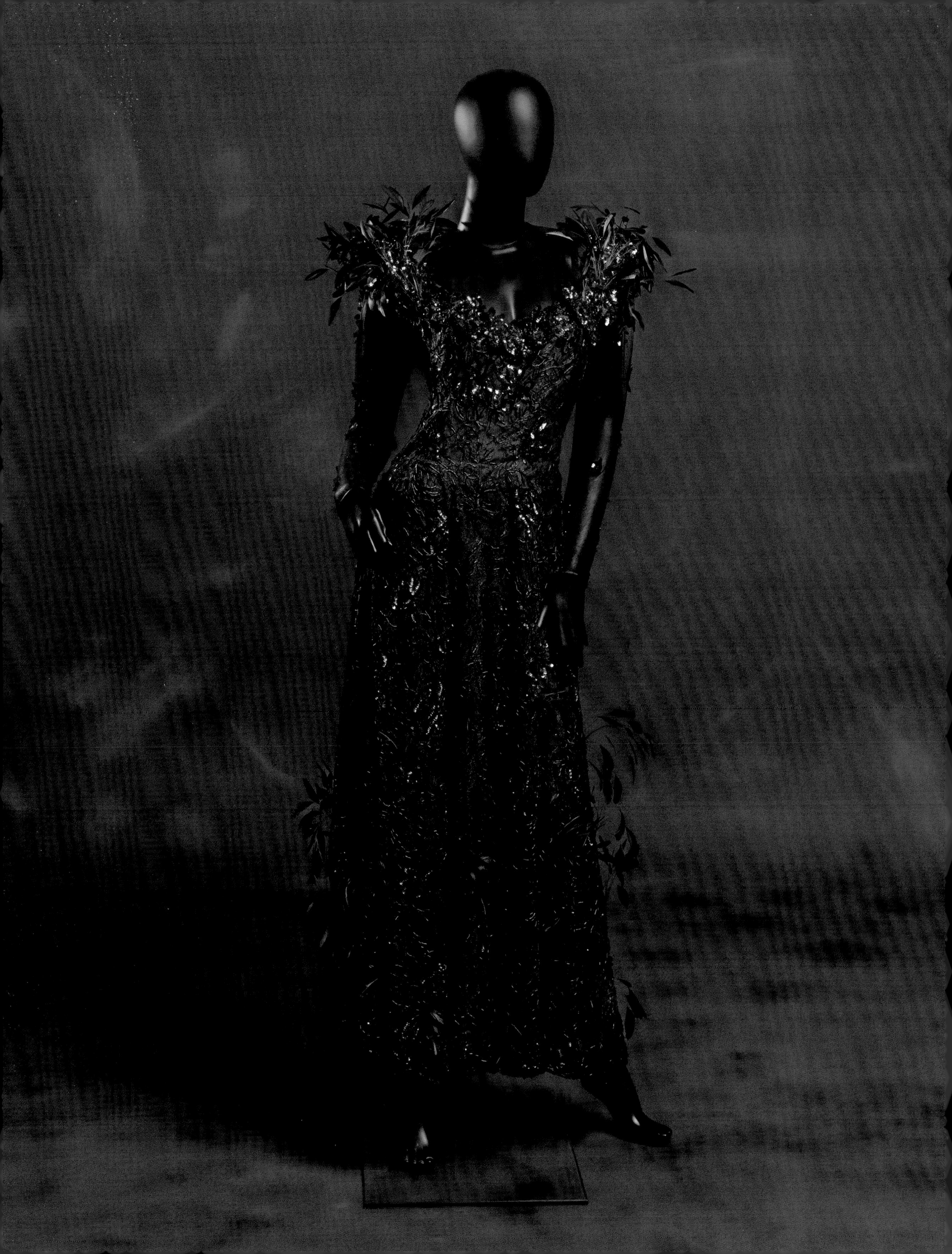

Abendkleid mit Perlenstickereitüll auf cremefarbenem Trägerstoff, vorne kniekurz, hinten mit angeschnittener kleiner Schleppe. Oberteil als Korsage. Hochgeschlossen mit besticktem Stehbund. Bestickte Tüllärmel mit kleinem Perlenverschluss. Oberrücken wird durch eine Schnürung geschlossen, die wiederum mit einem zusätzlichen Strassmagnetverschluss verschlossen wird. Bestickt und mit unterschiedlich großen Perlen verziert. Die Standfestigkeit des Rockes wird durch Steiftüll unterstützt, im Rock befinden sich neun Tüllstufen. Der Saum ist vorne mit Straußenfedern unterlegt. 1994.
Leihgabe: Katharina Löring, Köln.

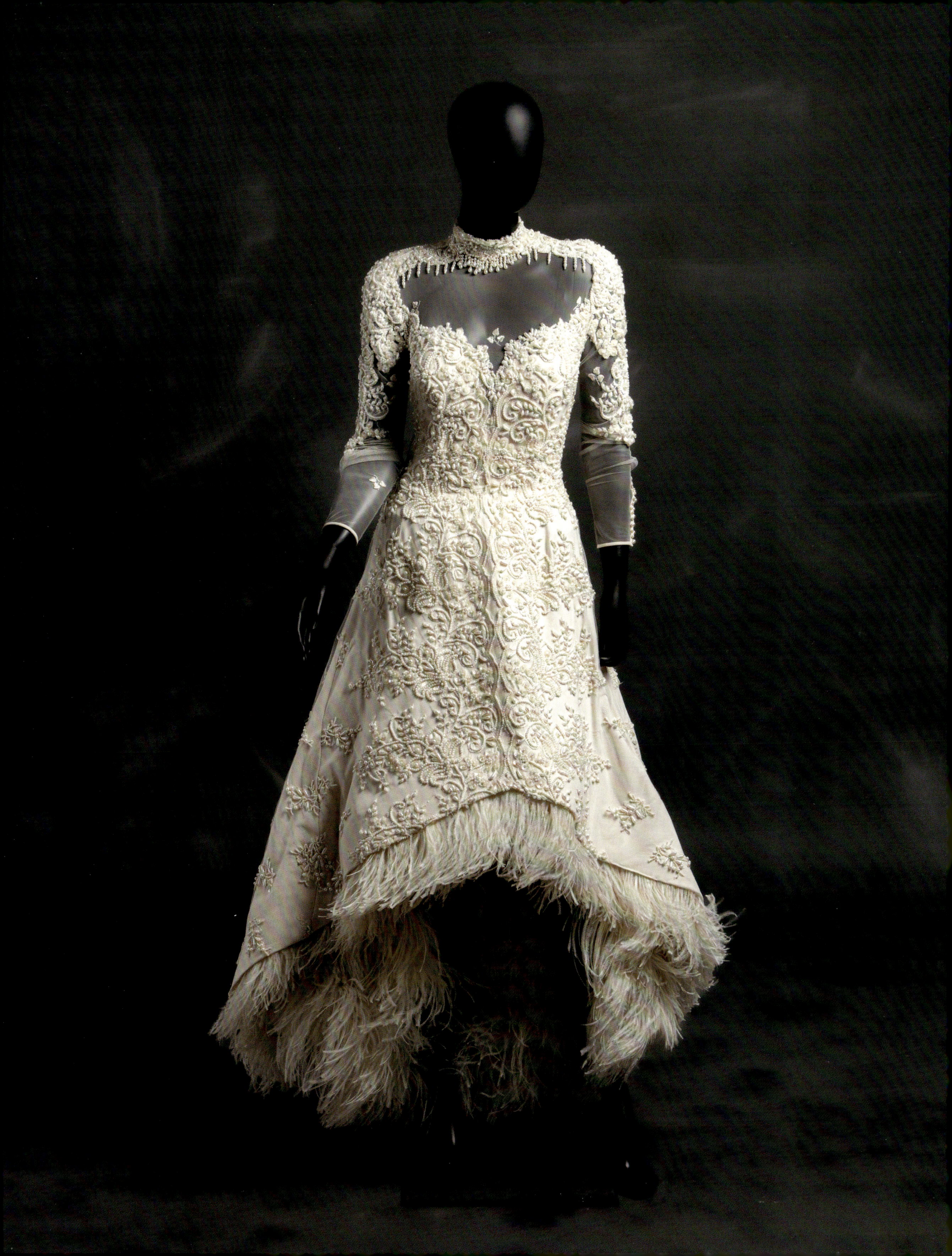

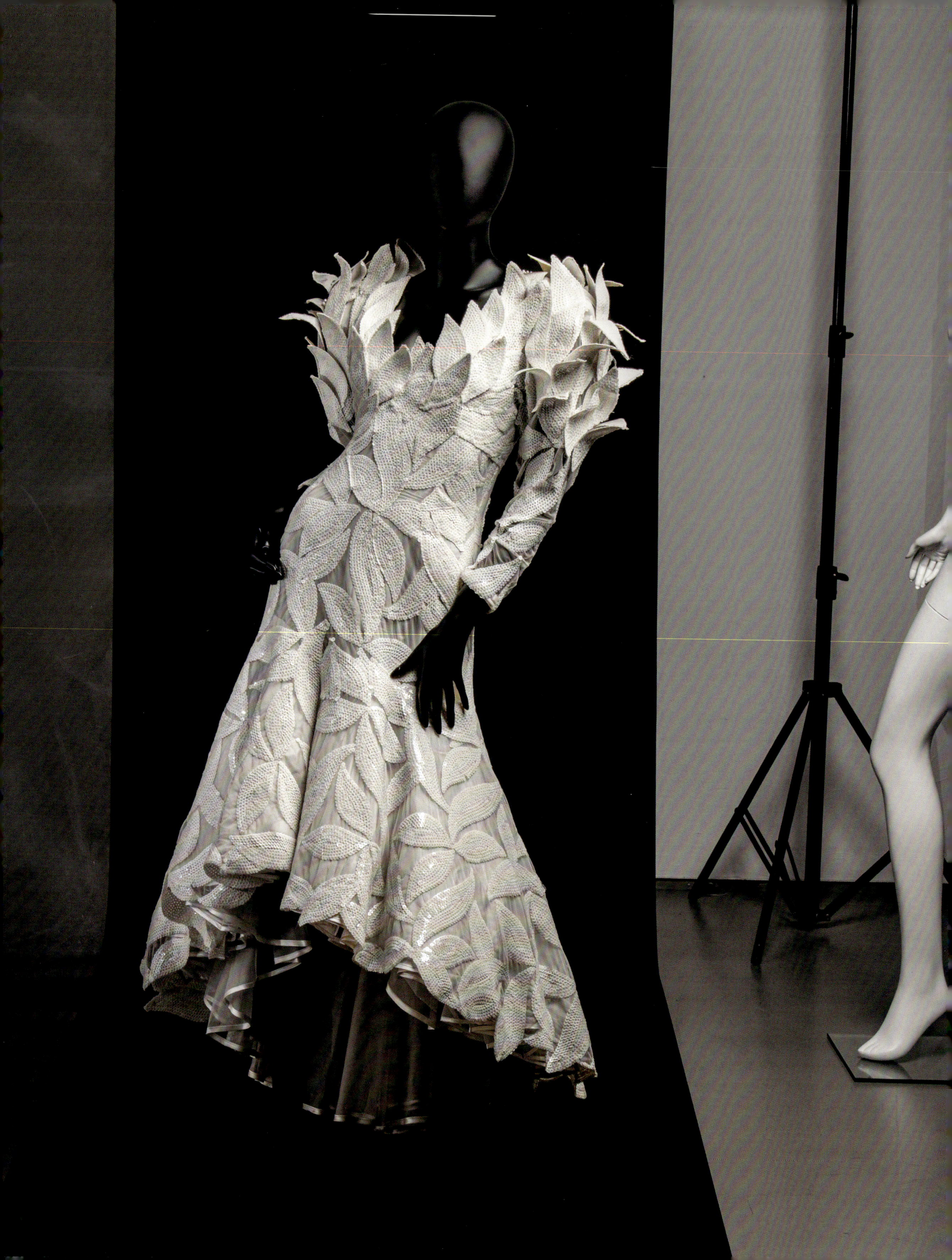

Kurzes reinseidenes Krepp-Georgette-Keid in Creme. Rock aus 14 Bahnen mit eingesetzten Godets. Hochgeschlossen, vorne Halsausschnitt, hinten mit einem tief bis zur Taille reichenden Rückenausschnitt. Kleine Glockenärmel mit aufgesetzten Paillettenblättern. Ausschnitt hinten sowie Ärmel mit gleichfarbigen Paillettenblättern verziert. 1990er Jahre.

Leihgabe: Margret Szymczak, Düsseldorf.

Cremefarbenes Abendkleid, Paillettenspitze mit Blättermuster sowie runde und tropfenförmige Perlen auf Tüll gestickt. Großer spitzer Ausschnitt mit engen Dreiviertelärmeln. Verbreiterte Schulter, ausgearbeitet mit separaten, versteiften Paillettenblättern. Angesetzter Glockenrock, hinten vertieft. Die Naht und der Saumabschluss sind durch zusätzliche applizierte cremefarbige Blätter verdeckt. 1990er Jahre.

Leihgabe: Katharina Löring, Köln.

Schwarzes, reinseidenes Taft-Abendkleid mit Jetsteinen verziert. Oberteil mit langen Bauschärmeln, die nach unten schmal verlaufen und mit einem Reißverschluss geschlossen werden. Tiefer, spitzer Halsausschnitt, hinten identisch mit unterlegtem Tüll. Vorne und hinten zusätzliche Betonung des Ausschnittes durch aufgenähte Jetperlen. Breiter Steg mit Jetperlenreihen und appliziertem floralen Ornament aus schwarzen Pailletten und Rocailleperlen. An der Schulter eine angelegte Rüsche. Im Vorderteil angeschnittene lose Spitze. Bahnenrock in kleine Falten gelegt. Unterrock aus Tüll und schwarz-weißer Spitze. 1980.

Leihgabe aus Privatbesitz.

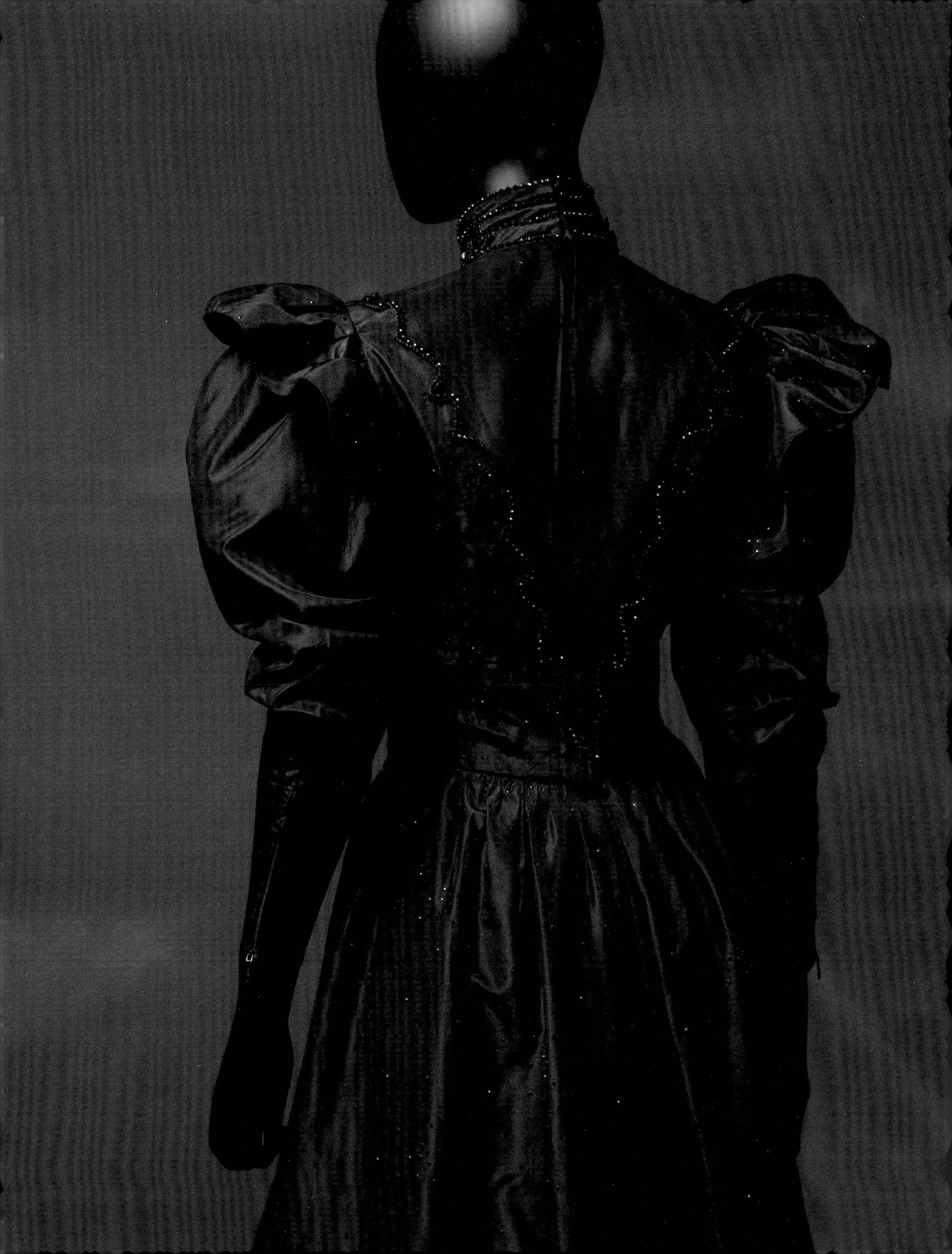

Brautkleid mit Mantel aus Duchesse in Jacquardbindung sowie eingewirkten Silberfäden mit Rosenblütenmotiv. Mantel mit angeschnittenen Ärmeln und Watteau-Falten à la française. Das Trägeroberteil des Kleides wurde durch Hanna Friedrichs von Hand mit Perlen und Strass bestickt, dabei griff sie das Stoffmuster auf. 1962.

Leihgabe: Helga Klein, Hagen.

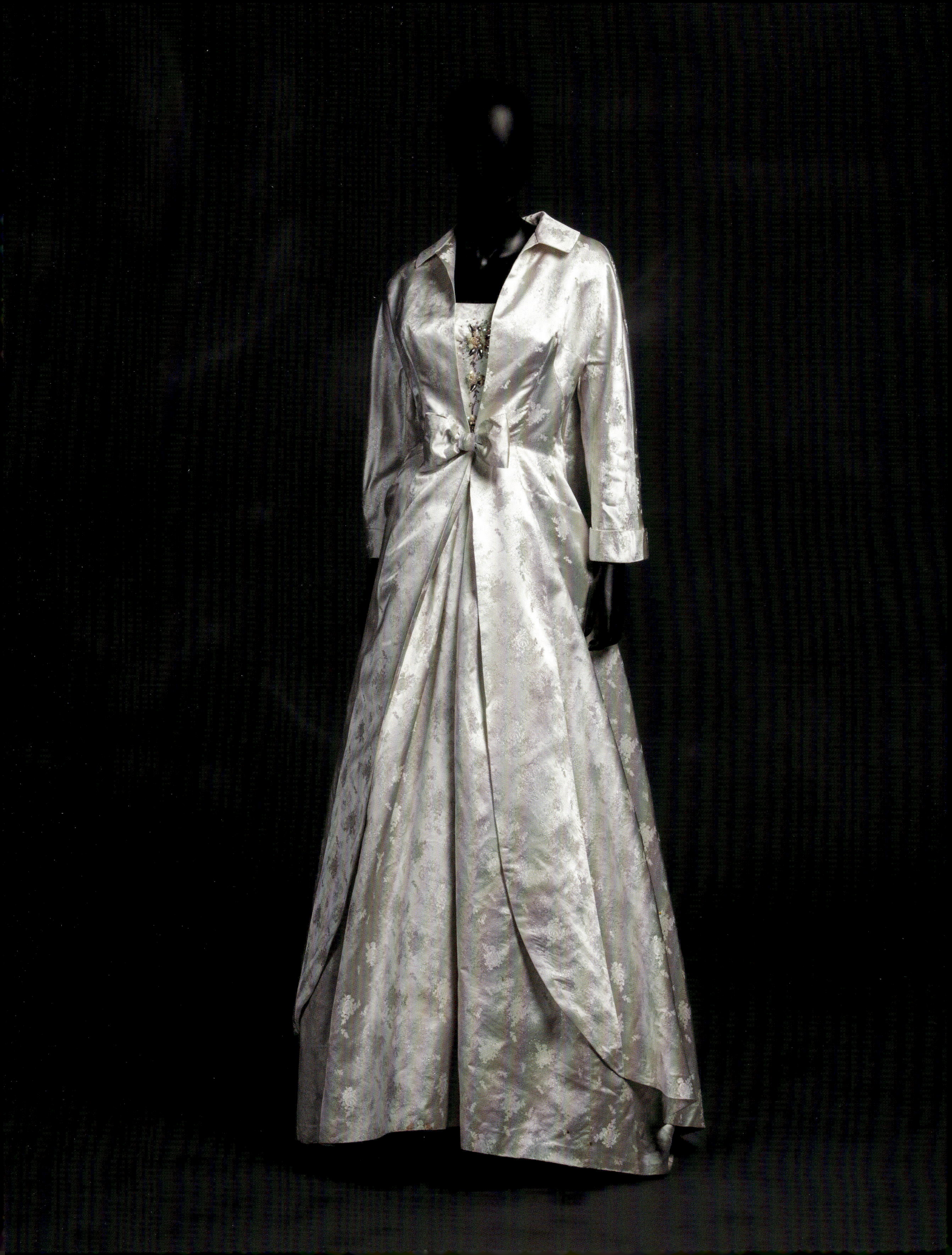

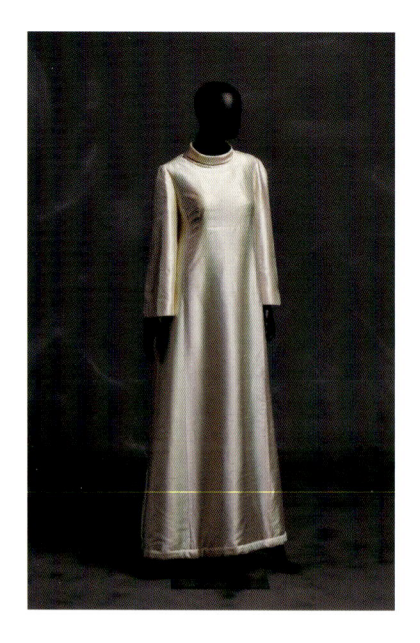

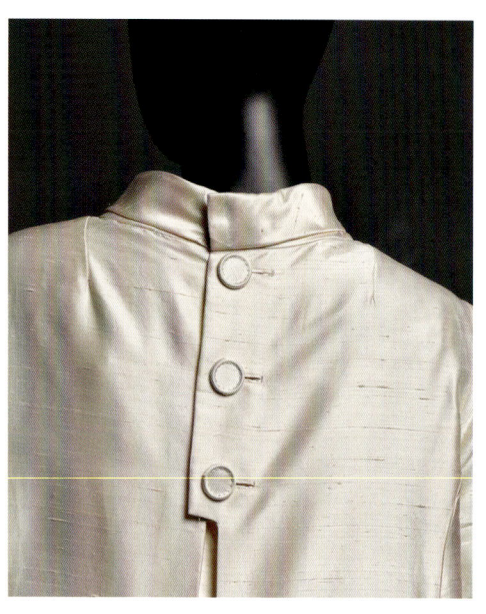

Einem Kaftan ähnliches Brautkleid aus cremefarbenem Shantung-Seidenserge. Langärmelig mit gerolltem Stehkragen. Rückseitig offen, nur im obersten Rückenteil mit drei handbezogenen Knöpfen geschlossen. Schleier aus Organza mit feinem Satin eingefasst und mit Myrten bestickt. 1968.

Leihgabe aus Privatbesitz.

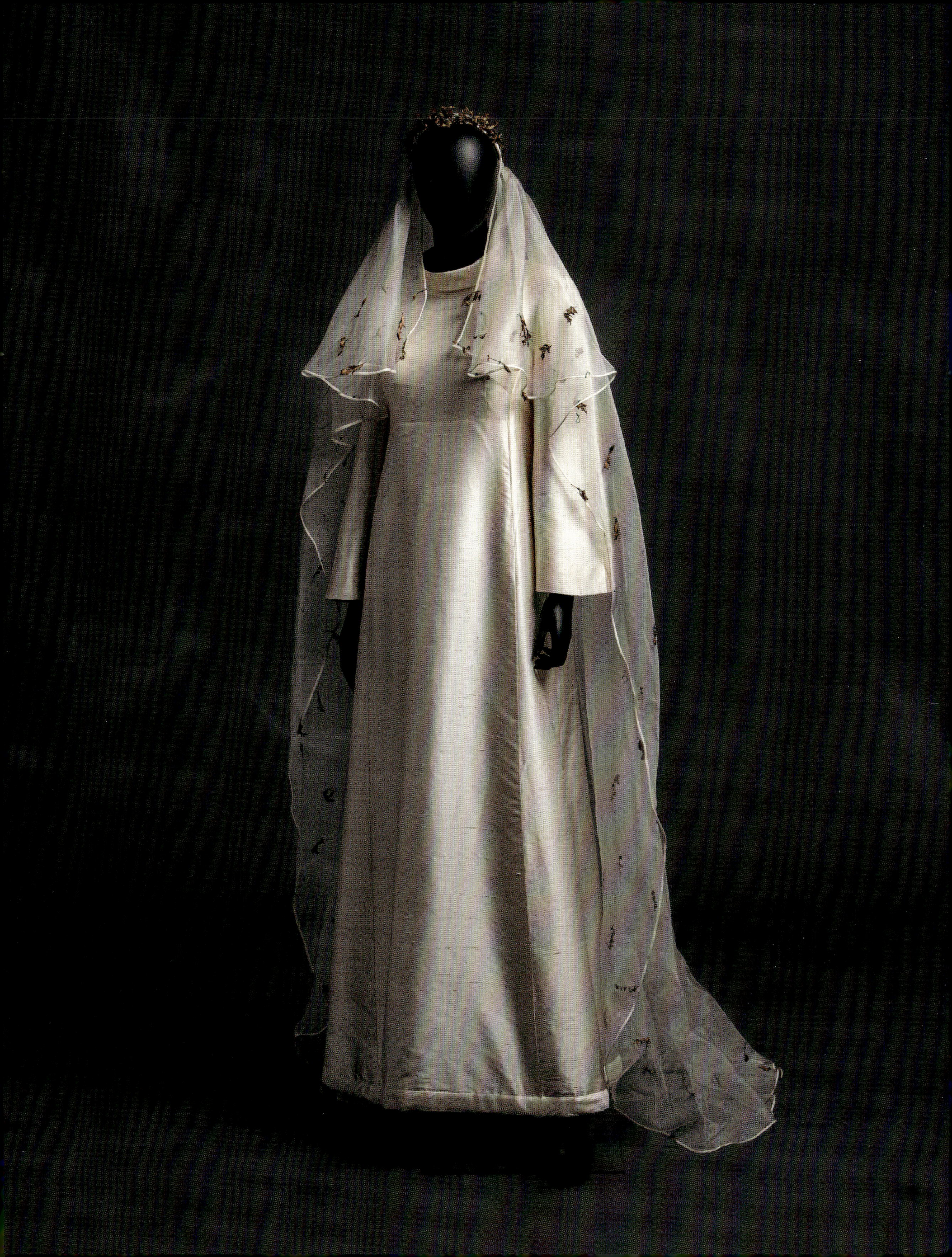

Hanns Friedrichs
Biografie

1928	Am 4. Juni 1928 wurde Hanns Friedrichs in Dresden geboren
1946	Schneiderlehre in Kassel bei Heinz Lengemann, Abschluss nach 1½ Jahren Lehrzeit
1947	Erste Anstellung im Couture Salon von Madame Moré in Kassel
1948	Umzug zu Verwandten nach Hagen
1949	Eröffnung des ersten Ateliers in der Grabenstraße 5 in Hagen
1950	Erstes Atelier in Düsseldorf in der Lindemannstraße 10, in den 1960er Jahren erfolgte der Umzug in die Graf-Adolf-Straße 98
1950	Eröffnung des Ateliers „Modellwerkstätten Friedrichs & Sohn" mit seinem Vater Richard Friedrichs in der Graf-von-Galen-Straße 9 in Hagen
1951	Erste Modenschau im Kurhaus auf der Hohensyburg in Dortmund
1954	Hanns Friedrichs beschäftigt 20 Mitarbeiterinnen in Hagen
1952–1969	Modenschauen in den Räumen der Gesellschaft Concordia und im Parkhaus in Hagen
1952	Meisterprüfung in Dortmund
1956	Umzug in das neugebaute eigene Atelierhaus Fleyer Straße 46 in Hagen
1958	Umzug zum Emilienplatz 9 in Hagen
Ab 1970	Zweimal jährlich Modenschauen im Hotel InterContinental und Radisson SAS Hotel Düsseldorf mit ca. 110 Modellen je Schau
1973	Modeatelier und Wohnung Jürgensplatz 58–60, Düsseldorf
1982	Umzug des Modeateliers HF zum Jürgensplatz 62, Düsseldorf
1999	Letzte Modenschau im Radisson SAS Hotel Düsseldorf
1999	Schließung des Hagener Ateliers am Emilienplatz 9 in Hagen mit ca. 60 Mitarbeiterinnen
1999–2002	Modenschauen im Hetjens Museum in Düsseldorf und im Stilwerk Düsseldorf
2002	Letzte Modenschau im Modeatelier Friedrichs am Jürgensplatz 62 in Düsseldorf
2003	Hanns Friedrichs beantragt bei der Handwerkskammer die Streichung aus der Handwerksrolle
2012	Am 1. September 2012 stirbt Hanns Friedrichs im Alter von 84 Jahren in Düsseldorf

Programme der Modenschauen von 1971–2002 in Düsseldorf

Zweimal jährlich wurden im Februar/März die Frühjahr-Sommerkollektion und im September die Herbst-Winterkollektion vorgestellt. Die Modenschauen fanden um 16.00 und um 20.00 Uhr statt. Abendkleidung war erwünscht

Von 1971 bis Februar 1992 war der Veranstaltungsort das InterContinental Hotel in Düsseldorf mit einer Ausnahme im März 1974 im Parkhotel Düsseldorf, danach bis März 1999 im Radisson SAS Hotel in Düsseldorf. Danach fanden bis 2002 noch Modenschauen im Hetjens-Museum, im Stilwerk und im Atelier Friedrichs in Düsseldorf statt.

Soweit zum Teil Modenschauen nicht aufgeführt werden, lagen dazu die Einladungen und Programme im Archiv Hanns Friedrichs nicht vor.

1971

März
LA LIGNE VIVANTE / COLLECTION PRINTEMPS-ÉTÉ
Teil 1 47 Modelle –
Teil 2 36 Modelle

1972

Programm Frühjahr/Sommer fehlt

September
TEMPS DU SPORT COLLECTION hiver 1972
Teil 1 50 Modelle –
Teil 2 42 Modelle

1973

März
Multicolor
Teil 1 53 Modelle –
Teil 2 41 Modelle

September
Mosaik
Teil 1 59 Modelle –
Teil 2 51 Modelle

1974

März
Anything goes

September
Teil 1 67 Modelle –
Teil 2 41 Modelle

1975

März
Stars and Strips
Teil 1 46 Modelle –
Teil 2 33 Modelle

Ab hier werden die Pelzmoden separat aufgeführt.

September
Ostwind – Westwind
Teil 1 46 Modelle –
Teil 2 25 Modelle

1976

März
FIESTA TROPICANA
Teil 1 54 Modelle –
Teil 2 31 Modelle

September
Orient Express
Teil 1 53 Modelle –
Teil 2 33 Modelle

1977

März
KONFETTI
Teil 1 59 Modelle –
Teil 2 38 Modelle

September
LES AMAZONES VIVANT
Teil 1 51 Modelle –
Teil 2 41 Modelle

Zusätzliche Modenschau in der Redoute, Bad Godesberg

1978

März
VACANCES ET LA MER
Teil 1 56 Modelle –
Teil 2 38 Modelle

September
DISCO DE LUXE
Teil 1 52 Modelle –
Teil 2 45 Modelle

Zusätzliche Modenschau in der Redoute, Bonn-Bad Godesberg

1979

März
LE JOLI JARDIN

September
LA BELLE ET LA BETE
Teil 1 58 Modelle –
Teil 2 36 Modelle

1980

März
TUTTI FRUTTI
Teil 1 63 Modelle –
Teil 2 48 Modelle

September
Bella Romantica
Teil 1 63 Modelle –
Teil 2 48 Modelle

1981

März
Crociera sul mare
Teil 1 49 Modelle –
Teil 2 46 Modelle

September
L'impression chinoise
Teil 1 65 Modelle –
Teil 2 39 Modelle

1982	**1986**	**1990**	
März **Swinging America** Teil 1 62 Modelle – Teil 2/44 Modelle	Februar **EXOTICA** Teil 1 64 Modelle – Teil 2 59 Modelle	Februar **AQUARIUS** Teil 1 59 Modelle – Teil 2 49 Modelle	
September **Inverno della Fantasia** Teil 1 60 Modelle – Teil 2 47 Modelle	September **MYSTERIOUS LADIES** Teil 1 59 Modelle – Teil 2 47 Modelle	September **COMMEDIA DELL'ARTE** Teil 1 56 Modelle – Teil 2 55 Modelle	
1983	**1987**	**1991**	**1994**
März **GEOMETRICAL SUMMER** Teil 1 52 Modelle – Teil 2 46 Modelle	März **STOP THE WORLD** Teil 1 60 Modelle – Teil 2 51 Modelle	März **EARTH, WIND AND FIRE** Teil 1 60 Modelle – Teil 2 49 Modelle	März **Anything goes** Teil 1 56 Modelle – Teil 2 55 Modelle
September **Feminin masculin** Teil 1 53 Modelle Teil 2 46 Modelle	September **ETOILES D'HIVER** Teil 1 51 Modelle – Teil 2 56 Modelle	September **HIGH – TECH and BEAUTY** Teil 1 55 Modelle – Teil 2 47 Modelle	September **VIVE L' EUROPE** Teil 1 49 Modelle – Teil 2 51 Modelle
1984	**1988**	**1992**	**1995**
März **A day at the Plaza** Teil 1 63 Modelle – Teil 2 46 Modelle	März **Flying Birds** Teil 1 59 Modelle – Teil 2 51 Modelle	Februar **MARCHÉ DU PLAISIR** Teil 1 57 Modelle – Teil 2 48 Modelle	März **FLOWER POWER** Teil 1 55 Modelle – Teil 2 56 Modelle
September **FROM THE MOUNTAINS** Teil 1 61 Modelle – Teil 2 49 Modelle	September **ELECTRIC** Teil 1 54 Modelle – Teil 2 55 Modelle	September **GIOIELLI MAGICI** Teil 1 56 Modelle – Teil 2 50 Modelle	September **CAFÉ RENDEZVOUS** Teil 1 53 Modelle – Teil 2 47 Modelle
1985	**1989**	**1993**	**1996**
März **Voitures de Luxe** Teil 1 71 Modelle – Teil 2 56 Modelle	März **PEPPERMINT** Teil 1 55 Modelle – Teil 2 53 Modelle	März **FRUTTI DE MONDE** Teil 1 55 Modelle – Teil 2 53 Modelle	Februar **SUMMER IN THE CITY** Teil 1 55 Modelle – Teil 2 49 Modelle
September **NORDLICHT** Teil 1 68 Modelle – Teil 2 66 Modelle	September **WIR MACHEN MUSIK** Teil 1 54 Modelle – Teil 2 54 Modelle	September **MUSICAL** Teil 1 54 Modelle – Teil 2 48 Modelle	September **VIVE LA MODE** Teil 1 47 Modelle – Teil 2 44 Modelle

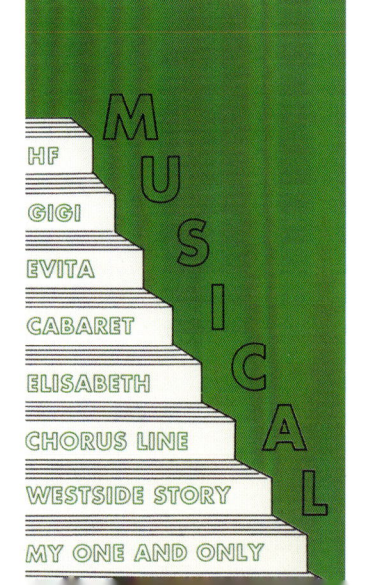

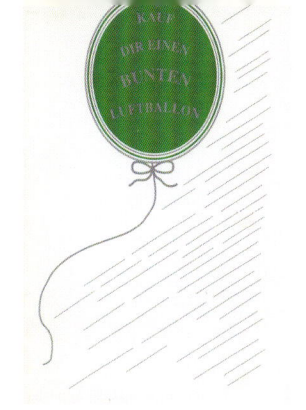

1997

März
HOLIDAY
83 Modelle

September
WINTER SYMPHONY
85 Modelle

1998

März
ORIENTAL
87 Modelle

September
SOUVERNIR DE L'ÉRÉMITAGE
75 Modelle

1999

März
KAUF DIR EINEN BUNTEN LUFTBALLON
77 Modelle
Letzte Modenschau in einem Hotel

September
DEUX MILLE ARRIVE
64 Modelle
im Atelier Friedrichs,
Jürgensplatz 62, Düsseldorf

2000

Februar
JEU DE COLEURS
70 Modelle
im Hetjens Museum, Düsseldorf

September
VOYAGE D'HIVER
69 Modelle
im Hetjens-Museum,
Düsseldorf

2001

Februar
KONTRASTE
Modellanzahl fehlt
im Stilwerk, Düsseldorf

September
METROPOLE
69 Modelle
im Hetjens-Museum,
Düsseldorf

2002

März
GONE WITH THE WIND
79 Modelle
Ufa Universum Kino,
Düsseldorf

September
INVITATION
50 Modelle
letzte Modenschau Hanns
Friedrichs im Atelier
Friedrichs, Jürgensplatz 62,
Düsseldorf

Impressum

Die Publikation erscheint anlässlich der Ausstellung
Hanns Friedrichs – „Ich mache keine Mode, ich ziehe Frauen an"
23. Oktober 2022 bis 12. März 2023, Emil Schumacher Museum, Hagen

Herausgeber
Rouven Lotz

Kuratoren
Petra Holtmann
Rouven Lotz

Beschreibungen
Monika Benscheidt (Direktrice, HF, Hagen),
Petra Bruns (Direktrice i.R., Theater Hagen),
Petra Holtmann, Margret Szymczak
(Direktrice, HF, Düsseldorf)

Wissenschaftliche Mitarbeit
Mirjam Kreber

Assistenz
Nicole Lopez Muñoz

Lektorat
Marcus Land, Jutta Männl

Redaktion
Rouven Lotz

Satz
Frank Bernhard Übler, Leipzig

Papier
GardaMatt Art 170 g/m²

Erschienen im
ardenkuverlag, Hagen
Petra Holtmann
T +49 2331-30 33 33
mail@ardenku.de, www.ardenku.de

ISBN 978-3-942184-74-8

Emil Schumacher Museum
Museumsplatz 1, 58095 Hagen
info@esmh.de, www.esmh.de

© 2022 Emil Schumacher Stiftung,
ardenkuverlag, Hagen, sowie
die Autoren. Alle Rechte vorbehalten

© 2022 Nachlass Hanns Friedrich, Hagen

Wir haben uns bemüht, alle Copyright-
vermerke aufzuführen. Inhaber von
Urheberrechten, die wir nicht ausfindig
machen konnten, bitten wir, sich an
den Herausgeber zu wenden.

Bibliografische Informationen der Deutschen Nationalbibliothek
Die Deutsche Nationalbibliothek verzeichnet diese Publikation in der Deutschen Nationalbibliographie; detaillierte bibliographische Angaben sind im Internet über portal.dnb.de abrufbar.

Fotos
Joachim Schwingel, Hagen (Umschlag, Vorsatzpapier, S. 26 f., 56 re., 64 li., 74 li., 75, 77, 79, 81–85, 87–89, 91, 93–104, 105 re., 106, 109-111, 113, 116 f., 118 re., 119–127, 128 li., 129, 131, 133–135, 137, 139, 141, 142 re., 143, 145-152, 153 li., 154 li., 155, 157, 159, 160 li., 161, 162 li, 163, 165–167, 169, 170, 171 li. u. Mitte, 172 f., 176–179), Foto-Studio A. Olligschläger, Köln (S. 74 re., 76, 78, 80, 86 li., 90, 92, 107 li., 118 li., 132, 136 re., 140, 153 Mitte u. re., 154 re.); Nachlass Hanns Friedrichs, Hagen (S. 6, 86 re., 105 li., 107 re., 108, 128 re., 130, 136 li., 142 li., 158, 160 re., 162 re., 164, 168, 171, 180, 182 f.).

Wir danken allen Leihgeberinnen. Für wertvolle Informationen, Hinweise und Unterstützung danken wir zudem
Silvia Bauer, Monika Benscheidt, Barbara Bettermann, Ute Eggeling, Georg Förtsch, Regine Goldlücke, Monika Gottlieb, Christine Gründer, Christel Grünke, Lydia Heinrich, Elisabeth Hirsch, Helga Klein, Nicole Mattheis, Kornelia Pawelzik, Margret Szymczak, Renate Voss-Frönicke.

EMIL SCHUMACHER MUSEUM HAGEN

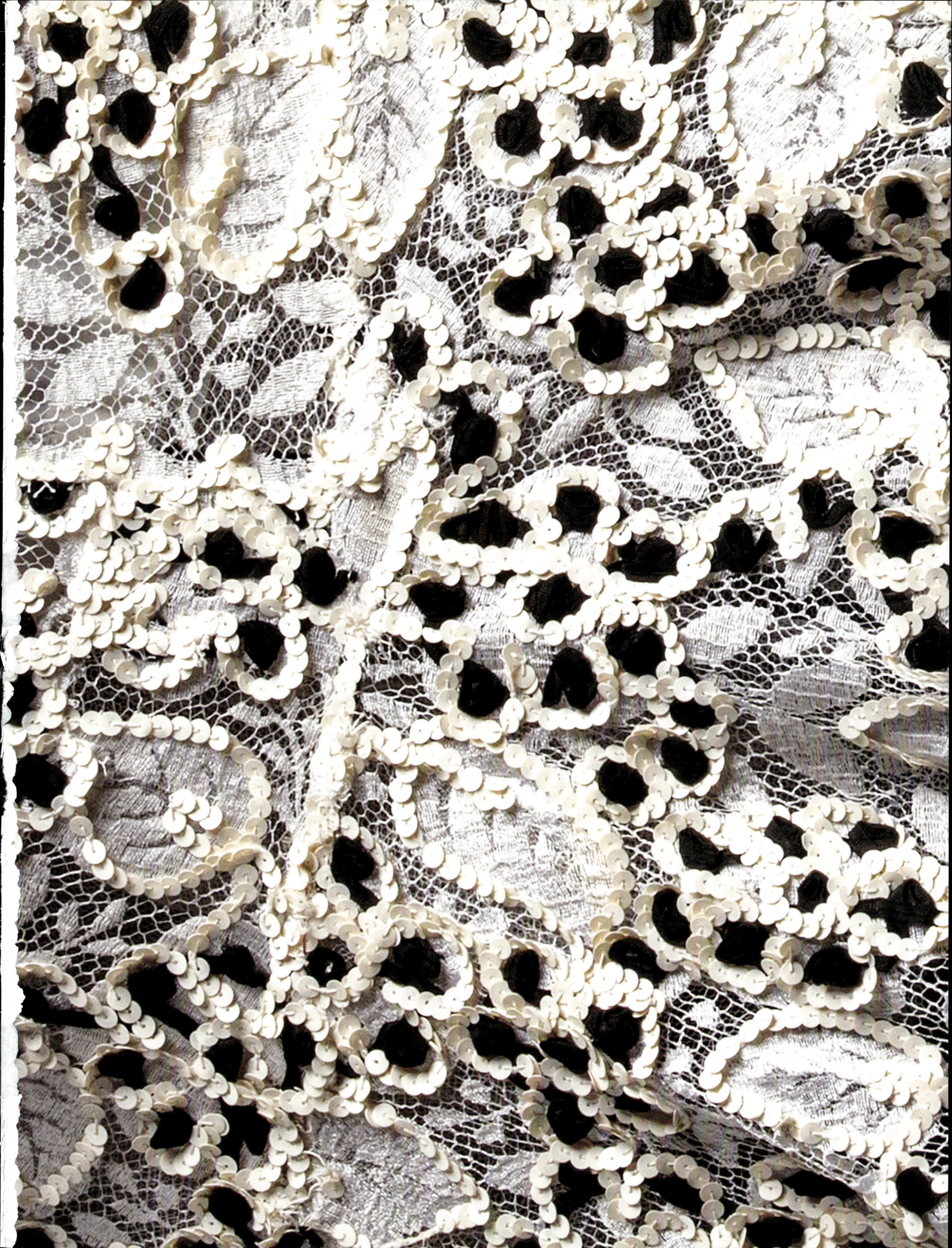